Beatrix Dangl

DURCHSTARTEN
IN FRANZÖSISCH

FRANZÖSISCH
FÜR DAS 1. LERNJAHR

W0002872

VER⬦TAS
LERNHILFEN

http://www.veritas.at

DURCHSTARTEN IN FRANZÖSISCH, Französisch für das 1. Lernjahr

Verfasserin:	Beatrix Dangl
MitarbeiterInnen:	Véronique Chartier, Christa Breiter, Eva Gattringer
Verfasser der Durchstartübungen:	Do-Ri Rydl und Kim da Silva
	Diesem Lernhilfebuch ist ein Lösungsheft zu den Übungen beigelegt.

Die Deutsche Bibliothek – CIP-Einheitsaufnahme

Durchstarten in Französisch / Beatrix Dangl
Linz : Veritas
1. Französisch für das 1. Lernjahr. – 2001
(Veritas-Lernhilfen)
ISBN 3-7058-5167-5

---

6. Auflage (2001)
© VERITAS-VERLAG Linz;
alle Rechte, insbesondere das Recht der Verbreitung, auch durch Film, Fernsehen, fotomechanische Wiedergabe, Bild- und Tonträger jeder Art, oder auszugsweiser Nachdruck, vorbehalten.

Lektorat:	Klaus Kopinitsch
Layout, Herstellung:	Kurt Lackner
Illustrationen:	Bruno Haberzettl
Umschlagentwurf:	Alexander Strohmaier
Satz:	Vogel Medien GmbH, Bisamberg
Druck:	Landesverlag Druckservice, Linz

ISBN 3-7058-5167-5

Gedruckt auf umweltfreundlich hergestelltem Papier.

INHALTSVERZEICHNIS

Gestatten, mein Name ist Ver, François Ver! 5

Le Hitparade der Lerntipps 8

Die Zeitwörter – die Verben – *les verbes* — 9

Die Gegenwart – das Präsens – *le présent* 10
Die Bildung der Personalformen 10
Verben auf *-er* 12
Verben auf *-ir* 13
aller 15
futur composé 16
avoir und *être* 18
Verben auf *-re* 19

1. Durchstartübung: Powermudra 24
Verben auf *-oir* 25

Die rückbezüglichen Zeitwörter – *les verbes pronominaux* ... 29
Die Befehlsform – der Imperativ – *l'impératif* 31
Befehl an ein „Du" 31
Befehl an ein „Sie" oder an mehrere Personen 31
Befehl „von uns an uns" 32
Verneinende Befehlsform 32

Die Vergangenheit – das Perfekt – *le passé composé (p. c.)* ... 34
Die Bildung des *participe passé* 35

2. Durchstartübung: Erdknöpfe und Raumknöpfe 37
p. c. mit *avoir* oder *être*? 38
Die Verneinung 43

Die Artikel – *les articles* — 48

Der bestimmte Artikel – *l'article defini* 48
Die „Ergänzungen" 49
de 49
à 50
Direktes Objekt/indirektes Objekt 51

3. Durchstartübung: Gehirnknöpfe 56
Der unbestimmte Artikel – *l'article indéfini* 57
Der Teilungsartikel – *l'article partitif* 59
4. Durchstartübung: Denkmütze 67

Die Fürwörter – die Pronomen – *les pronoms* — 68

Die persönlichen Fürwörter – *les pronoms personnels* 69
Als Subjekt (ich, du, er, sie, es, wir, ihr, sie) 69

Als Objekt (mich, dich, ihn, sie, es, uns, euch, sie;
mir, dir, ihm, ihr, uns, euch, ihnen) 70
5. Durchstartübung: Zauberpunkt 83
    Die Verneinung in Sätzen mit Objektvertretern 84
Die betonten persönlichen Fürwörter –
les formes disjointes du pronom personnel 87
Die Befehlsform – der Imperativ und die Objektvertreter 91
    Bejahende Befehlsform 91
    Verneinende Befehlsform 92
Die Objektpronomen „y" und „en" 93
    „y" 93
6. Durchstartübung: Mudra für den gesunden Willen 97
    „en" 98
Bezügliche Fürwörter – Relativpronomen – *les pronoms relatifs* 104
    qui 104
    que 106
Die Übereinstimmung des Mittelwortes –
l'accord du participe passé – Zusammenfassung 109
Besitzanzeigende Fürwörter – Possessivpronomen –
les adjectifs possessifs 112
    Mein, dein, sein, ihr 112
7. Durchstartübung: Nilpferd 117
    Unser, euer, ihr, unsere, eure, ihre 118
    Ihr, ihre 122
8. Durchstartübung: Mudra zum Gehirn einschalten 128

Die Verneinung – *la negation* — 129
    Grundregel 130
    Verneinung von Infinitiv-Konstruktionen 131
    Kein, keine – *ne pas de* 134
    Verneinung bei mehrteiligem Prädikat *(passé composé)* 138
    Verneinung mit Objektvertretern 141
    Verneinung von Infinitiv-Konstruktionen
    mit Objektvertretern 143
9. Durchstartübung: Beckenachten und Armkreisen 145
    Nicht mehr, nie, noch nicht, nichts, niemand 146

Versetzung gefährdet – was nun? — 154
Aufgaben der Eltern und rechtlicher Rahmen in Deutschland

Nicht Genügend! Was können Eltern dagegen tun? — 156
Pädagogische Aspekte und rechtliche Situation in Österreich

Vokabelverzeichnis – *vocabulaire* 161
Stichwortverzeichnis 168

Was auf deutsch Franz Wurm heißt.
Man nennt mich jedoch zumeist Monsieur Ver.

Und das da ist Finver, was soviel wie „Endwurm" bedeutet.
Er war einmal ein Teil von mir, aber . . . das ist eine lange
Geschichte. Vielleicht erzähle ich sie einmal!

Und schließlich gibt es auch **„dich"** in meinem Buch:

Du stellst manchmal Fragen, reagierst auf meine
Erklärungen oder trittst irgendwie in Erscheinung –
z. B. mit einem Eisbeutel auf dem Kopf . . . **du** bist
so, wie ich mir vorstelle, dass du sein könntest, dennoch ist jede Ähnlichkeit mit lebenden Personen rein
zufällig!

Ich möchte mich nun ein wenig vorstellen: Ich lebe in Cannes, also im
Süden Frankreichs, und leite hier eine Ferienschule für ausländische Jungwürmer, die meine Muttersprache erlernen wollen. Damit alle in Französisch so richtig durchstarten, habe ich dieses Buch geschrieben.

Wie arbeitest du mit **„Durchstarten in Französisch"**?

Jedes Kapitel beginnt mit einem **Erklärungsteil**, der es dir ermöglichen
soll, wirklich allein zu lernen und nicht jemanden zusätzlich um Rat fragen
zu müssen. Alle Erklärungen sind durchwegs auf Deutsch, weil ich
annehme, dass du sie auf Französisch nicht verstehen würdest. Oder irre ich
mich da?

 Mein Vorschlag: Arbeite mit einer **Lernkartei**! Immer, wenn du dieses
Symbol am linken Rand siehst, solltest du dir eine Karteikarte anlegen. Du
kannst die Karteikarten genauso gestalten, wie sie im Buch vorgegeben
sind. Damit schaffst du dir deine Privatgrammatik, in der du immer wieder
schnell etwas nachlesen kannst, ohne lange in einem Buch oder einem
Schulheft danach suchen zu müssen.

Es besteht aber auch die Möglichkeit, die Kartei als echte Lernkartei anzulegen. Dazu brauchst du einen Karteikasten mit vier Fächern. Auf die Vorderseite der Karteikarte schreibst du nur die Überschriften der einzelnen Grammatikpunkte, auf die Rückseite die Erklärungen bzw. die Regeln.

Am Anfang kommt jede Karte in das erste Fach. Dieses wird täglich bearbeitet, indem du die Karten herausnimmst und dein Wissen überprüfst (oder überprüfen lässt), indem du (laut) sagst, was auf der Rückseite der Karte steht.
Weißt du alles, wandert sie in das zweite Fach, welches du jeden zweiten oder dritten Tag bearbeitest.
Hast du dann noch immer alles im Gedächtnis, darf die Karte in das dritte Fach, das einmal wöchentlich überprüft werden sollte.
Hast du hingegen etwas vergessen, muss die Karte wieder ein Fach zurück. Ist sie schließlich im vierten Fach angelangt, wird sie nur mehr vor Prüfungen bearbeitet.

Hier heißt's überprüfen, ob du die Regeln verstanden hast und anwenden kannst.

 fordert dich auf, es jetzt alleine zu versuchen, nachdem wir ein Mustersätzchen gemeinsam geschrieben haben. Du sollst nicht alle **Übungssätze** in einem Zug durchmachen. Überprüfe zwischendurch mit Hilfe des Lösungsheftes deine Ergebnisse. Stimmen sie, kannst du die restlichen Übungssätze zwecks Festigung deines Wissens am nächsten Tag machen. Stimmen sie nicht, musst du noch einmal die Erklärungen durcharbeiten, ehe du weiterübst.

Eine **Lernpause** musst du nach 30 bis 45 Minuten auf jeden Fall einlegen!

Die Vokabeln, die du für die Übungen brauchst, beschränken sich auf Vokabeln, mit denen man häufig im ersten Lernjahr konfrontiert wird. Du findest ein Vokabelregister am Ende des Buches!

In den **exercices du chef** biete ich dir eine Punktebewertung deiner Lösungen an. Auf diese Weise beurteilst du dich selbst und siehst, wie weit du den Stoff verstanden hast und die Regeln anwenden kannst.

Ich habe einen Tipp für dich im Sinne von „So kannst du dir das merken" oder „So geht's leichter".

Achtung! Die Sache ist verdammt wichtig. Lieber noch einmal durchdenken!

Das **Lösungsheft** verwendest du zum Vergleichen und Verbessern deiner Antworten. Gib es auf alle Fälle vor dir selbst zu, wenn du etwas nicht weißt! Schnell bei den Lösungen nachzusehen und dann so zu tun, als wäre die Antwort einem gerade eingefallen, bringt nichts. Sich selbst zu beschwindeln ist absolut unsinnig.

Aber das ist eigentlich schon ein Tipp, wie man richtig lernt. **Lerntipps** findest du auf der folgenden Seite und in den einzelnen Kapiteln. Das kann manchmal mehr helfen, als das Lernen für Französisch selbst.

Ich möchte dir auch noch eine andere Möglichkeit zeigen, deinen Lernerfolg zu steigern. Das Lernen wird dir damit garantiert leichter fallen, vorausgesetzt du tust mit und übst regelmäßig. Das Ganze beruht auf folgender Erkenntnis: Steigere die Energie deines Körpers, und du steigerst deine Leistungsfähigkeit und damit auch deine Lernleistung. Erlaubtes Doping sozusagen!

Das Tolle daran: Du schaffst das mit einfachen Bewegungsübungen. Ich nenne sie **„Durchstartübungen"**. Sie bringen dich so richtig auf Touren. Sie ermöglichen dir, dass du in kurzer Zeit wesentlich mehr begreifst und dein Wissen bei einer Prüfung auch zur Verfügung hast. Genehmige dir vor und nach den Übungen ein Glas Wasser.

Ich wünsche dir „Gutes Gelingen" und Spaß beim Üben, damit sich der Erfolg bald einstellt. Wenn du gut Französisch kannst, wird dir ein Besuch in unserem Land noch mehr Freude machen! Komm bald! Vielleicht treffen wir uns einmal!

Au revoir! À bientôt! Salut!

LE HITPARADE DER LERNTIPPS

Diese zehn Punkte solltest du beim Lernen beachten:

1. Zeitplan — Trage in einen Kalender alle **Prüfungstermine** ein. Markiere die Tage, die du zum Lernen vor einer Prüfung brauchst. Das schafft Überblick.

2. Stoffübersicht — Erstelle eine **Liste der** einzelnen **Prüfungsgebiete**, lasse daneben Platz zum Abhaken. Das spornt dich an und gibt dir Übersicht.

3. Entspannen — Beginne nicht sofort nach der Schule mit den Aufgaben. Eine einstündige **Entspannungspause** fördert deine Konzentration.

4. Arbeitsplatz — Richte dir einen eigenen Arbeitsplatz ein. Auf diesem **ordne übersichtlich** deine Unterlagen.

5. Aufwärmen — Verwende dazu unsere Durchstartübungen. **Lerngymnastik** steigert deinen Lernerfolg. Außerdem bist du damit deinen Mitschülern um die berühmte Nasenlänge voraus.

6. Strukturieren — Was du gliederst, kannst du besser behalten. **Markiere** Wesentliches **bunt**, mache dir am Rand Notizen.

7. Pausen — Nach 30 bis 45 Minuten Lernen lässt deine Konzentration nach. Lege daher eine etwa **10 Minuten** lange Pause ein. In der Pause mache eine Durchstartübung. Nach der Pause schreibst du eine nicht besonders anstrengende Hausaufgabe. Dann erst lernst du weiter. Auch **dein Gehirn liebt** die **Abwechslung**.

8. Motivieren — Jeden Tag nach dem Lernen sollte es etwas geben, worauf du dich **freuen** kannst (Musik hören, ins Kino gehen . . .).

9. Wiederholen — Beim Wiederholen festigst du den Stoff. Ein heißer Tipp: **Abendwiederholung**. Das Gehirn lernt weiter, während du schon schläfst. Das funktioniert aber nur, wenn du nach der Abendwiederholung dein Gehirn mit nichts anderem mehr belästigst.

10. Prüfung — Wenn du ängstlich bist, **„spiele"** zu Hause **Prüfung**. Das macht selbstbewusster, und du gehst gestärkt zur echten Prüfung.

Willst du etwas erreichen, musst du etwas **TUN**! Auf Erfolg untätig zu warten, ist nicht zielführend!

I. DIE ZEITWÖRTER – DIE VERBEN – LES VERBES

M. Ver: Hier wird viel getan! Wir beschäftigen uns mit den Zeitwörtern, den Verben.

1. Gegenwart (le présent)

☆ Ich spreche zu Beginn von der **Bildung der Personalformen** ganz allgemein, wobei ich auch einen **Vergleich mit dem Deutschen** wage.

Anschließend gehe ich auf die einzelnen Verbgruppen näher ein und behandle a) die **Verben auf -er**
b) die **Verben auf -ir**
c) die besonders unregelmäßigen **Verben aller, être** und **avoir**
d) die **Verben auf -re**
e) die **Verben auf -oir**

☆ die **rückbezüglichen Verben**

☆ Zuletzt kommt noch die **Befehlsform** dran!

Wenn das alles keine Probleme mehr macht, geht's zur

2. Vergangenheit (le passé composé, Abkürzung p. c.)

Ich bespreche zuerst die grundsätzliche Bildung des *passé composé* und gehe anschließend auf die zwei wesentlichsten Fragen ein:

☆ **Wie bildet man das „Mittelwort der Vergangenheit"?**
Die einzelnen Verbgruppen werden in der gleichen Reihenfolge besprochen wie bei der Bildung der Formen der Gegenwart!

☆ **Welche Verben werden mit *être* abgewandelt?**
Hier wird natürlich die Frage der **Übereinstimmung des Mittelworts** mit dem Subjekt interessant – und selbstverständlich besprochen!

Und anschließend wird fest geübt!

DIE GEGENWART – DAS PRÄSENS – *LE PRESENT*

M. Ver: Bei den Verbformen gibt es einiges zu „verstehen", aber das einzige, was wirklich hilft, will man ein „Verbformenprofi" werden, ist – so Leid es mir tut, *excuse-moi* – das LERNEN!

TIPP **Verbformen** (vor allem die unregelmäßigen) **muss man lernen!**
Schreibe dir besonders lästige auf **Lernplakate** und klebe/nagle/hefte diese auf alle verfügbaren Wände eurer Wohnung!

Aber keine Angst, die Verben sind halb so schlimm, wenn du ein paar Grundregeln kennst und befolgst!

DIE BILDUNG DER PERSONALFORMEN

Im Deutschen gibt es nur eine Nennformendung, nämlich -en:
lieb-en, lach-en, küss-en, spiel-en, ess-en

Will ich aus der Nennform eine Personalform machen, entferne ich zuerst einmal diese Nennformendung und behalte nur den Stamm:
lieb-, lach-, küss- etc.

Und an diesen Stamm hänge ich die Endungen, die zu den jeweiligen Personen gehören:

ich	lieb	e
du	lieb	st
er	lieb	t

wir	lieb	en
ihr	lieb	t
sie	lieb	en

! Genauso funktioniert's bei uns, im Französischen:
Ich entferne bei den Verben die Nennformendungen und hänge an die Stämme bestimmte Personalformendungen. Fertig.

Finver: Nun untertreibe mal nicht! Bei uns gibt es nämlich **vier verschiedene Nennformendungen!** Auch die Endungen der Personalformen sind unterschiedlich!

M. Ver: Bevor Finver dich gänzlich verschreckt, erkläre ich dir das Prinzip: Wir haben wirklich vier Nennformendungen, aber bei den **Personalformendungen** gibt es **in der Einzahl** nur **zwei verschiedene**, in der **Mehrzahl** sind sie sogar **gleich**!

	Personalformendungen			
	Stamm+**er**	Stamm+**ir**	Stamm+**re**	Stamm+**oir**
je	-e		-s*	
tu	-es		-s*	
il/elle/on	-e		-t(-d)	
nous		-ons		
vous		-ez**		
ils/elles		-ent		

 Beginnt das Verb mit einem Vokal, fällt vom *je* das *e* weg! (Z. B. *j'aime*)

on kann man mit „man" übersetzen, gilt daher als 3. Person Einzahl! Wir verwenden es oft statt *nous*, es behält aber auch in dieser Funktion die Personalform der 3. Person Einzahl!

TIPP Merken kann man sich die Endungen gut, wenn man sie so lernt:
„*e, es, e, ons, ez, ent,*
s, s, t, ons, ez, ent",
wobei man die Silben (fälschlicherweise) ausspricht, wie sie aussehen!

Ausnahmen bei Personalformendungen

*Zwei Verben enden in der 1. und 2. Person Einzahl nicht auf -s, sondern auf **-x**:
    je/tu **veux** (will/willst)
    je/tu **peux** (kann/kannst)

Drei Verben enden in der 2. Person Mehrzahl nicht auf -ez, sondern auf **-es:
    vous **dites** (ihr sagt)
    vous **êtes** (ihr seid)
    vous **faites** (ihr macht)

TIPP Das kann man sich übrigens mit dem nicht sehr netten Satz „Ditta und Edda sind fett" merken.

Sehen wir uns die Endungen nun dort an, wo ihr Platz ist: am Verb

VERBEN AUF -ER:

Das sind die einfachsten und zum Glück auch die häufigsten!
Bei fast allen von ihnen hängt man die Endungen an den Stamm, und schon hat man die richtige Personalform:

Verben auf -er

	parl.er (sprechen)	aim.er (lieben)	demand.er (fragen, bitten)	
j(e)	parl.e	aim.e	demand.e	
tu	parl.es	aim.es	demand.es	} stammbetont
il/elle	parl.e	aim.e	demand.e	
nous	parl.ons	aim.ons	demand.ons	
vous	parl.ez	aim.ez	demand.ez	} endungsbetont
ils/elles	parl.ent	aim.ent	demand.ent	stammbetont

M. Ver: „Stammbetont" heißt, dass man nichts von der Endung hört *(je **parle**)*.
„Endungsbetont" heißt, dass man die Endung hört *(nous **parlons**)*.

M. Ver: Finver, ich werde dich gleich vertreiben, wenn du so weitermachst!

Keine Angst, noch hörst du nichts von diesen „Ausnahmen"!

Zuerst gibt's einmal eine Übung zu den regelmäßigen Verben.
Setze die richtigen Formen ein.

demander:	tu	**demandes**	nous	demandons
trouver:	il	trouve	ils	trouvent
écouter:	vous	écoutez	j'	écoute
entrer	tu	entres	ils	entre
visiter	elle	visite	nous	visitons
interroger	j'	interroge	elles	interrogent
serrer	tu	serre		
	vous	serrons		
gagner	je	gagne		
	tu	gagnes		

VERGISS BEI DER 2. PERSON EINZAHL DAS –S NICHT!!

P

VERBEN AUF -IR

Von ihnen gibt es drei unterschiedliche Arten, nämlich solche,

☆ die ihren Stamm erweitern

☆ die ihn nicht erweitern, dafür in der Einzahl einen Konsonanten verlieren

☆ die dieselben Endungen haben wie die Verben auf -er

Verben auf -ir

☆ mit Stammerweiterung:

	fin.**ir** (beenden)	chois.**ir** (auswählen)	réag.**ir** (reagieren)
je	fin.**i**.s	chois.**i**.s	réag.**i**.s
tu	fin.**i**.s	chois.**i**.s	réag.**i**.s
il	fin.**i**.t	chois.**i**.t	réag.**i**.t
nous	fin.**iss**.ons	chois.**iss**.ons	réag.**iss**.ons
vous	fin.**iss**.ez	chois.**iss**.ez	réag.**iss**.ez
ils	fin.**iss**.ent	chois.**iss**.ent	réag.**iss**.ent

ebenso abgewandelt werden z. B. *réfléchir* (nachdenken), *remplir* (anfüllen)

☆ ohne Stammerweiterung, Verlust eines Konsonanten in der Einzahl:

	sort.**ir** (ausgehen)	part.**ir** (abreisen)	dorm.**ir** (schlafen)	serv.**ir** ([be]-dienen)
je	sor.**s**	par.**s**	dor.**s**	ser.**s**
tu	sor.**s**	par.**s**	dor.**s**	ser.**s**
il	sor.**t**	par.**t**	dor.**t**	ser.**t**
nous	sort.**ons**	part.**ons**	dorm.**ons**	serv.**ons**
vous	sort.**ez**	part.**ez**	dorm.**ez**	serv.**ez**
ils	sort.**ent**	part.**ent**	dorm.**ent**	serv.**ent**

ebenso abgewandelt wird: *sentir* (fühlen; riechen)

☆ Endungen wie Verben auf -er:

	couvr.**ir** (bedecken)	offr.**ir** (anbieten)	ouvr.**ir** (öffnen)
j(e)	couvr.**e**	offr.**e**	ouvr.**e**
tu	couvr.**es**	offr.**es**	ouvr.**es**
il	couvr.**e**	offr.**e**	ouvr.**e**
nous	couvr.**ons**	offr.**ons**	ouvr.**ons**
vous	couvr.**ez**	offr.**ez**	ouvr.**ez**
ils	couvr.**ent**	offr.**ent**	ouvr.**ent**

ebenso abgewandelt wird: *découvrir* (entdecken)

13 Uhr FM4

☆ unregelmäßige Verben:			
	ven.**ir** (kommen)	ten.**ir** (halten)	
je tu il	**viens** **viens** **vient**	**tiens** **tiens** **tient**	hier ändert sich der Stamm!
nous vous ils	ven.**ons** ven.**ez** **viennent**	ten.**ons** ten.**ez** **tiennent**	regelmäßig! **Stammänderung! (vgl. Einzahl)**
Ebenso abgewandelt werden alle Zusammensetzungen mit *venir*: z. B. *devenir* (werden), *revenir* (zurückkommen) etc.			

Bei unregelmäßigen Verben kommt es oft vor, dass sich in der Einzahl der Stamm ändert, die 1. und 2. Person Mehrzahl aber regelmäßig sind. Die 3. Person Mehrzahl wird wieder wie die Einzahl gebildet!

Setze die richtigen Formen ein (ohne nachzuschauen).

ouvrir: il _ouvre_
offrir: j' _offre_
sentir: tu _____
venir: je _____
couvrir: tu _____
dormir: il _____
tenir: nous _____
réagir: nous _____
finir: ils _____
venir: ils _____
finir: je _____

Das ist doch einfach! Oder?
Deshalb gleich noch eines der berühmtesten unregelmäßigen Verben:

ALLER

all.**er** (gehen)	
je **vais**	nous all.**ons**
tu **vas**	vous all.**ez**
il **va**	ils **vont**

Auch hier sind die 1. und 2. Person Mehrzahl regelmäßig, während die Einzahlformen und die 3. Person Mehrzahl einen geänderten Stamm haben.

FUTUR COMPOSE ("FUTUR PROCHE")

Wenn du die Formen von *aller* beherrschst, kannst du auch eine neue Zeit bilden: die („nahe") Zukunft, das *futur composé*. Diese Form der Zukunft besteht aus der Personalform von *aller* und einer Nennform!

	Futur proche		
	Personalform von *aller* +	Nennform	
je	vais	aller	ich werde gehen
tu	vas	donner	du wirst geben
il/elle	va	parler	er/sie wird sprechen
nous	allons	finir	wir werden beenden
vous	allez	venir	ihr/Sie werdet/werden kommen
ils/elles	vont	offrir	sie werden anbieten

Suche die richtigen Personalformen:

1. Pardon, je (chercher) la rue de Clichy. Vous m' (indiquer) le chemin? Bien sûr, vous (traverser) cette place, puis vous (aller) tout droit. Après la deuxième rue, vous (tourner) à gauche – et c'est la rue de Clichy.
2. Tu (aller) chez Paul ce soir? – Oui, et tu (venir) aussi? – Non, nous (rester) à la maison parce que des amis (venir) nous voir.
3. Ah, voilà M. et Mme Renoir qui (arriver). Qu'est-ce que je leur (offrir) à boire? – Vous leur (offrir) un verre de vin peut-être?
4. Vous (finir) votre travail aujourd'hui? – Oui, nous le (finir) ce soir parce que demain, nous (aller) partir tôt.
5. Qu'est-ce qu'on (aller) faire? On (écouter) la radio? – Oui, et après, nous (regarder) la télé. On (donner) un film policier!
6. Les deux dames (aller) au marché et (arriver) devant l'étal de Mme Chabrol. Elle leur (demander) ce qu'elles (chercher).
7. Vous (sortir) encore, Monsieur? – Oui, je (sortir) avec ma femme et ma mère. Nous (aller) au Casino où nous (jouer) un peu. Nous (aimer) bien les jeux au Casino!

Weiter geht's nach einer **Pause**.

8. Comme les deux dames ne (parler) pas bien le français elle leur (demander) aussi d'où elles (venir). Elles répondent: Nous (venir) de Londres et nous (passer) nos vacances à Cannes.
9. Le prof (arriver) et (ouvrir) la porte aux élèves. Les élèves (entrer) et (ouvrir) leurs livres.
10. Les Leroc (aller) au théâtre et M. Chartier les (accompagner). Ils y (rencontrer) le chef de M. Leroc.
11. Tu (préparer) le petit déjeuner pour Yvette? Elle (partir) très tôt au travail. Et après, tu (aller) au marché pour faire les courses.
12. Pascale (commencer) l'école à 9 heures et tu l'y (accompagner). Elle (finir) à une heure, elle (aller) rentrer seule.
13. Nous (venir) de rencontrer Daniel. Il (venir) de Lyon et nous (aller) au cinéma ensemble. Nous (choisir) un film policier.
14. Vous n' (aller) plus parler à mon mari, il (dormir) déjà.
15. Quand est-ce que tu (partir)? – Nous (partir) pour Grasse dans dix minutes.

Welche Formen sind falsch? Stelle sie richtig.

1. je vas, je finit, je choisis, je sors, je parles, je donne, je part
2. tu couvres, tu dormes, tu vient, tu sent, tu offris, tu vas, tu pars
3. il vont, il parles, il sent, il vient, il parts, il sort, il finit, il offrit
4. nous vienons, nous sentissons, nous finissons, nous vont, nous donnons, nous offrons, nous tenons, nous parlez
5. vous sortez, vous finissez, vous parlons, vous choisissez, vous vienez, vous alles, vous ouvrirez, vous offrez
6. ils finient, ils allent, ils parlont, ils réagissent, ils dormez, ils sortent, ils dorment, ils offrirent, ils venent, ils tiennons, ils restent

Übersetze! (Mach diese Übung immer wieder einmal „auf Zeit": Stoppe jedesmal, wie lange du für sie brauchst, und übertriff dich selbst.)

Achtung, fertig, los!

1. wir gehen, sie kommen, ich biete an, du öffnest
2. ich gehe, er kommt, wir bieten an, wir öffnen
3. du gehst, wir kommen, du bietest an, er öffnet
4. ich wähle, du hältst, wir singen, du beendest
5. wir wählen, ihr haltet, ich singe, wir beenden
6. er wählt aus, sie halten, du singst, sie beenden
7. ich schlafe, wir fühlen, ich gehe, du liebst
8. wir schlafen, du fühlst, wir gehen, wir lieben

Sehen wir uns jetzt die nächsten zwei wichtigen Verben an:

AVOIR UND ÊTRE

avoir haben		être sein	
j' **ai** tu **as** il **a**	nous **avons** vous **avez** ils **ont**	je **suis** tu **es** il **est**	nous **sommes** vous **êtes** ils **sont**

Setze die richtigen Formen von *avoir* oder *être* ein.
(Welches von den beiden passt, entscheidest du!)

1. Madame, qu'est-ce que vous _____ comme légumes?

2. Mes enfants _____ chez vous, Madame?

3. A quelle heure est-ce que vous _____ à la maison, Monsieur?

4. Je _____ au lit parce que j(e) _____ la grippe.

5. Mon fils reste à la maison, il _____ mal à la tête.

6. Vous _____ encore une chambre qui _____ calme?

7. Maman, j(e) _____ soif, tu _____ encore du coca?

8. Tu _____ en boîte ce soir? Moi, j'y _____ après dix heures.

9. Nous _____ tristes parce que tu _____ malade.

10. Nous _____ rendez-vous chez le dentiste l'après-midi.

Suche das passende Verb aus und setze es in die richtige Form.
aller, avoir, venir, demander, sortir, offrir, être, aimer, dormir

1. Marie _____ à son copain: Quand est-ce que nous _____ au cinéma? Ce soir?

2. Antonio et Manuel _____ de Lisbonne.

3. Marc, avec qui est-ce que tu _____ ce soir?

4. Nous _____ les moules. Toi aussi?

5. Qu'est-ce que je t' _____ ? Du pastis ou du porto?

6. Vous _____ des jupes noires? Bien sûr, nous en _____ beaucoup!

7. Julie, tu m'entends? Julie! Tu _____ déjà?

8. Tu peux venir nous voir. Nous _____ à la maison.

Finver: Ich mag nichts mehr tun! Ich will aufhören!

M. Ver: Hör auf zu jammern! Meine Schüler machen das Kapitel ohnehin nicht in einem durch, sondern rasten sich dazwischen immer gut aus!

Darum haben sie jetzt neue Kraft für die

VERBEN AUF -*RE*

Ich schaffe einmal alle Verben herbei, die es zu besprechen gibt. Ich werde anschließend versuchen, sie ein bisschen für dich zu ordnen.

Verben auf -re

☆ regelmäßige Verben auf -d.re:

z. B.	attend.**re** (warten)	descend.**re** (hinuntergehen)	rend.**re** (zurückgeben)	répond.**re** (antworten)
j(e)	attend.**s**	descend.**s**	rend.**s**	répond.**s**
tu	attend.**s**	descend.**s**	rend.**s**	répond.**s**
il	attend	descend	rend	répond
nous	attend.**ons**	descend.**ons**	rend.**ons**	répond.**ons**
vous	attend.**ez**	descend.**ez**	rend.**ez**	répond.**ez**
ils	attend.**ent**	descend.**ent**	rend.**ent**	répond.**ent**

ebenso wird z. B. *vendre* (verkaufen) abgewandelt

☆ unregelmäßige Verben auf -d.re:

	prend.**re** (nehmen)	comprend.**re** (verstehen)
je	prend.**s**	comprend.**s**
tu	prend.**s**	comprend.**s**
il	prend	comprend
nous	**prenons**	**comprenons**
vous	**prenez**	**comprenez**
ils	**prennent**	**comprennent**

} das **d** fällt weg!

ebenso abgewandelt wird auch *apprendre* (lernen)

TU COMPRENDS?

☆ Verben, die in der Einzahl regelmäßig sind, in der Mehrzahl aber ein -s dazubekommen bzw. unregelmäßig sind:

z. B.	li.**re** (lesen)	plai.**re** (gefallen)	di.**re** (sagen)	fai.**re** (machen)
je	li.**s**	plai.**s**	di.**s**	fai.**s**
tu	li.**s**	plai.**s**	di.**s**	fai.**s**
il	li.**t**	plaî.**t**	di.**t**	fai.**t**
nous	li.**s**.**ons**	plai.**s**.**ons**	di.**s**.**ons**	fai.**s**.**ons**
vous	li.**s**.**ez**	plai.**s**.**ez**	**dites**	**faites**
ils	li.**s**.**ent**	plai.**s**.**ent**	di.**s**.**ent**	**font**

ebenso wird abgewandelt: *connaître* (kennen): *je connais, nous connaissons*

☆ regelmäßige Verben (teilweise mit kleinen Änderungen in der Schreibweise):

	ri.**re** (lachen)	croi.**re** (glauben)	mett.**re** (setzen, legen, stellen)
je	ri.**s**	croi.**s**	met.**s**
tu	ri.**s**	croi.**s**	met.**s**
il	ri.**t**	croi.**t**	met
nous	ri.**ons**	cro**y**.**ons**	me**tt**.**ons**
vous	ri.**ez**	cro**y**.**ez**	me**tt**.**ez**
ils	ri.**ent**	croi.**ent**	me**tt**.**ent**

☆ Verben, die in der Einzahl regelmäßig sind, aber in der Mehrzahl unregelmäßig:

	écri.**re** (schreiben)	boi.**re** (trinken)
j(e)	écri.**s**	boi.**s**
tu	écri.**s**	boi.**s**
il	écri.**t**	boi.**t**
nous	écri.**v**.**ons**	**buv.ons**
vous	écri.**v**.**ez**	**buv.ez**
ils	écri.**v**.**ent**	boi.**v**.**ent**

Wir üben jetzt die Verben *prendre, lire, dire, faire, mettre, boire, écrire*.
Finde die richtigen Formen der richtigen Verben.

1. Qu'est-ce que vous …? Un verre de vin?
2. Au collège, nous … un roman de Simenon.
3. Mes parents m' … souvent des lettres.
4. Mon ami … des cours de français à Paris.
5. Moi, je ne … jamais d'alcool.
6. Ils … leur voiture au parking devant l'hôtel.
7. Nous avons froid, nous … du thé.
8. Ces enfants ne … jamais la vérité.
9. Vous … trop de bruit!
10. Chaque jour, je … deux journaux.
11. Pourquoi vous ne … pas "au revoir"?
12. Qu'est-ce que nous … l'après-midi?
13. Tu … ta lettre en espagnol?
14. Mes parents … du vélo.
15. Pour aller à Londres, ils … l'avion.

Welche Pronomen passen zu welchen Personalformen?

je ①	④ lisez	○ vend	○ descend
il ②	○ bois	○ plaisons	○ a
nous ③	○ croient	○ vais	○ dit
vous ④	○ comprennent	○ vont	○ fais
ils ⑤	○ dors	○ suis	○ boivent

○ écrit   ○ réponds   ○ dites

○ font   ○ sommes   ○ ris

○ ont   ○ mettent   ○ faites

Nun mischen wir alle bisher gelernten Verben.
Schreibe die richtige Personalform auf.

1. Merci pour ton invitation. Je (aller) venir avec Pierre et Paul. Mais comment nous (faire) pour aller chez toi? Nous (prendre) la voiture. Tu nous (expliquer) la route?
2. Demain matin, on (partir) de Cannes et on (arriver) à Grenoble le soir. Tu nous (attendre) à la gare? Le train (arriver) à six heures.
3. Tu (avoir) le temps de m'accompagner? Nous (aller) au marché pour acheter un cadeau à Julie.
4. Tes parents, ils (venir) te voir à Cannes? Quand est-ce qu'ils (arriver)? Combien de jours est-ce qu'ils (aller) rester?
5. Nous (faire) les courses. Au marché, nous (rencontrer) des filles qui (être) dans notre classe. Nous leur (demander) où elles (aller). Elles nous (dire) qu'elles (avoir) mal à la tête et qu'elles (chercher) une pharmacie.
6. Nous (être) dans un musée où on (exposer) des tableaux de Picasso. Ces tableaux ne nous (plaire) pas.

POWERMUDRA

Müde? Erschöpft? Verzweifelt?
Das Powermudra gibt dir Kraft für deine Aufgaben:

Du legst Daumen und Ringfingerkuppen zusammen und den Zeigefinger auf das erste Daumengelenk.
Du kannst es auch nur mit rechter oder linker Hand halten.
Dauer der Übung: mindestens 3 Minuten. Führe das Powermudra mindestens 6-mal täglich durch.

Stell dir einmal vor,
du bist Besitzer eines tollen Autos. Es kann schnell fahren, es bringt dich gut und sicher an jedes von dir gewünschte Ziel. Du braust gerade auf der Autobahn dahin, aber plötzlich stottert der Motor. Du drückst stärker aufs Gaspedal, trotzdem wird dein Auto immer langsamer und bleibt sogar stehen. Du kannst nun schimpfen, einen

Kopfstand machen, das Auto neu lackieren, die Mitfahrer rausschmeißen – das Auto wird sich keinen Zentimeter bewegen. Wenn dein Auto keinen Treibstoff mehr hat, kannst du tun, was du willst. Du musst das Richtige tun: **TANKEN!** Dann kannst du deine Fahrt fortsetzen und kommst ans Ziel.
Ebenso ist es mit deiner eigenen Kraft. Wenn deine Energie zu niedrig ist, hast du es sehr schwer, eine gute Lernleistung zu erbringen. Von leicht und locker zu schaffen, was Lehrer und Eltern von dir fordern, ganz zu schweigen.
Unlust, Müdigkeit, Ärger oder Verzweiflung breiten sich in deinem Körper aus. Sie zehren an deiner Energie. Wie willst du aber eine Leistung bringen, wenn dein Tank leer ist?

Daher heißt's auftanken mit dem Powermudra!

DURCHSTARTÜBUNG

Weiter geht's nach deiner ersten Durchstartübung!

7. La dame, chez qui j'(habiter), (avoir) déjà 84 ans mais elle (apprendre) encore le grec! Elle me (plaire) beaucoup!
8. Vous (être) en France depuis longtemps? Vous (venir) de quel endroit en Autriche? De Salzbourg? Ah, c'(être) une belle ville!
9. Qu'est-ce que vous (faire)? Vous (apprendre) votre leçon de français? – Non? Alors, vous (écrire) des lettres? Ah, vous (lire)!
10. Monsieur, je (être) là depuis une demi-heure et j' (attendre) encore mon café! Vous ne m'(oublier) pas?
11. Qu'est-ce que vous (choisir), Mesdames? – Pardon, nous ne (comprendre) pas très bien. Nous ne (parler) pas bien le français.
12. Les marins de la Jeanne d'Arc (nom d'un bateau français) (arriver) au Havre. Ils (demander) où (être) le centre-ville.
13. Laurence (lire) un article dans "l'Express". Il (parler) de l'exposition "les Cathédrales de Monet" à Rouen.
14. Ça (tomber) bien! Elle (aimer) la peinture et elle n'(habiter) qu'à quelques kilomètres de Rouen. Elle (prendre) sa voiture et y (aller).
15. Au musée, elle (rencontrer) des amis. Elle n'en (croire) pas ses yeux! Ils (être) aussi en vacances et (visiter) le même musée.

VERBEN AUF -*OIR*

Sie wechseln in stammbetonten Formen meist den Stammvokal!

	dev.**oir** (müssen)	sav.**oir** (wissen)	recev.**oir** (erhalten)	
je	**dois**	**sais**	**reçois**	stammbetont
tu	**dois**	**sais**	**reçois**	
il	**doit**	**sait**	**reçoit**	
nous	dev.**ons**	sav.**ons**	recev.**ons**	endungsbetont
vous	dev.**ez**	sav.**ez**	recev.**ez**	
ils	**doivent**	sav.**ent**	**reçoivent**	stammbetont

Drei weitere wichtige Verben, die hier erwähnt werden müssen:		pouv.**oir** (können)	voul.**oir** (wollen)	v.**oir** (sehen)
	je	**peux**	**veux**	**vois**
	tu	**peux**	**veux**	**vois**
	il	**peut**	**veut**	**voit**
	nous	pouv.**ons**	voul.**ons**	**voyons**
	vous	pouv.**ez**	voul.**ez**	**voyez**
	ils	**peuvent**	**veulent**	**voient**

devoir, vouloir und *pouvoir* sind Modalverben, mit denen man **Nennformkonstruktionen** (Infinitivkonstruktionen) bilden kann. Es stehen dann nur die **Modalverben in der Personalform!**

| *Nous **devons** aller.*
 Wir müssen gehen. | *Je **veux** aller.*
 Ich will gehen. | *Ils **peuvent** aller.*
 Sie können gehen. |

 Wir mischen die Formen der Verben auf *-re* und auf *-oir*. Außerdem gibt es noch *aller, être* und *avoir*!

1. Bonsoir, Madame. Vous (aller) bien? Qu'est-ce que vous (faire) à Cannes? Vous (être) en vacances? Et votre mari, il n'(être) pas ici? Oh, il (devoir) rester chez vous pour garder vos chats. Combien de chats (avoir)-vous? Combien de jours est-ce que vous (pouvoir) rester ici? Et bien, j'éspère qu'il (aller) faire beau pendant que vous (être) ici.
2. Salut, Corinne! Où est-ce que tu (aller)? – Je (aller) à la maison, je (devoir) préparer quelque chose à manger pour mon frère parce que mes parents (être) chez mon oncle où ils (fêter) l'anniversaire de ma tante. Tu m'(accompagner)? – Non, je ne (pouvoir) pas venir avec toi, je (vouloir) encore écrire une lettre à une amie qui (être) malade. Elle (avoir) la grippe et elle (devoir) rester au lit. Tu (savoir) où je (pouvoir) acheter des timbres? – Oui, tu (descendre) les escaliers, puis tu (aller) tout droit et après 100 mètres, il y (avoir) la poste.
3. Aujourd'hui, il ne (faire) pas beau. Pierre et Jean (aller) chez des amis où ils (vouloir) jouer au ping-pong. Ils (prendre) les raquettes mais ils ne (trouver) pas la balle. Marc et Jean (descendre) l'escalier et la (chercher) partout. Puis Jean (demander) à sa mère si elle (savoir) où (être) la balle. Elle lui (répondre) que la balle (devoir) être dans l'armoire. La voilà! Maintenant ils (pouvoir) commencer à jouer.
4. Allô! Mimoun? Je (pouvoir) parler à Muriel, s'il te plaît? – Oui, bien sûr, je (aller) te la passer. Elle (devoir) sans doute préparer le déjeuner. – Allô! Muriel? Tu (aller) bien? Mes amies (vouloir) manger des crêpes mais je n'(avoir) pas la recette. Tu (être) bretonne, tu la (connaître) sûrement par coeur!
5. Bonjour, Monsieur! Je (vouloir) réserver une chambre dans votre hôtel. Je (pouvoir) réserver par fax? – Oui, Madame, vous (pouvoir) réserver par fax. Mais vous (devoir) faire vite. C'(être) bientôt complet pour août.

Übersetze die deutschen Formen:
1. wir wollen glauben, er kann gehen, wir müssen lachen
2. du kannst wissen, sie wollen kommen, sie müssen gefallen
3. er will verkaufen, ihr müsst arbeiten, wir können verstehen
4. wir wissen, ich muss, sie erhalten, wir sehen
5. ich weiß, du erhältst, sie wissen, ich sehe

EXERCICE DU CHEF

Jetzt heißt's aufpassen! Wir mischen alle bisher gelernten Verben.

1. Tu (savoir) conduire?
2. Nous (apprendre) le français mais mon frère ne (comprendre) rien.
3. Ils (avoir) soif. Je leur (offrir) quelque chose à boire.
4. Mes amis (vouloir) partir ce soir.
5. Vous (être) contents de votre séjour?
6. Nous (finir) de déjeuner à 13 heures.
7. Nous ne (boire) pas de bière.
   Mais papa, il en (boire) beaucoup.
8. Les touristes (aller) à Grasse pour visiter une parfumerie.
9. Tu (dormir)? Tu ne (vouloir) plus sortir?
10. Je (pouvoir) aller au cinéma!
11. Ces films vous (plaire)?
    Moi, je ne les (aimer) pas.
12. Mes parents (recevoir) les lettres à neuf heures.
13. Je (croire) que nous (prendre) seulement deux billets.
14. Qu'est-ce que vous (faire) ce soir? – Nous ne (faire) rien.
15. Ils (lire) beaucoup de romans policiers.
16. Tu (répondre) au téléphone?
17. Je t' (attendre), tu (devoir) mettre la table.
18. J' (avoir) faim, je (prendre) une tartine.
19. Est-ce que vous (dire) où vous (aller)? – Non, nous ne (dire) rien.
20. Il (venir) avec vous? – Non, mes parents (venir) avec nous.

AUSWERTUNG:

Gib dir für jede ganz richtige Form 1 Punkt! 32 sind maximal zu erreichen!
Für eine Einzahl-Form, bei der nur die Endung (aber wirklich nur die Endung!) falsch ist, darfst du dir 0,5 Punkte geben!
(Z. B. *nous prendons* = falsche Form → 0 Punkte; *je prend* = -s fehlt → 0,5 Punkte)

32–30 Punkte:	Bravo! Du kämpfst sicher nur mit Flüchtigkeitsfehlern!
29–26 Punkte:	Auch recht gut! Welche Formen sitzen noch nicht? (Lernplakat!)
25–22 Punkte:	Da gilt es, ein paar Wissenslücken intensiv zu stopfen!
21– ... Punkte:	Wiederhole das Kapitel „Verben" bald! Konzentriere dich mehr!

Wenn du wissen willst, was meine kleinen Wurmschüler am liebsten haben, löse doch das folgende Rätsel.
Du musst immer die 3. Person Mehrzahl der Infinitive finden.

 Bei manchen Verben auf *-er* gäbe es noch Besonderheiten, die die Schreibweise betreffen, zu besprechen.
   ☆ So schreibt man stammbetonte Personalformen, deren Nennform auf *-ler* lautet, mit *-ll-*: *j'appelle*, aber: *appeler, nous appelons*
   ☆ Stammbetonte Personalformen mit der Nennformendung *-ter* schreibt man mit *-tt-*: *je jette*, aber: *jeter, nous jetons*
   ☆ Außerdem gibt es noch ein paar Verben, die je nach Stamm- oder Endungsbetonung einen anderen *Accent* verlangen: z. B. *se lever*, aber: *je me lève*

Da ich jedoch glaube, dass du bisher schon sehr viel über Verbformen gehört hast und wahrlich genug damit zu tun hast, sie alle zu lernen, werden diese Besonderheiten weder ausführlich besprochen noch geübt!

Meine Wurmschüler ärgern mich übrigens immer wieder. Sie haben einige Personalformen in einem Buchstabensalat versteckt.
Hilf mir, alle Formen, die zu *je* und *ils* passen, herauszusuchen. (Manche kommen auch doppelt vor!)

Nun lass uns aber was Neues besprechen!

DIE RÜCKBEZÜGLICHEN ZEITWÖRTER – *LES VERBES PRONOMINAUX*

Keine Angst, da kommen keine neuen Personalformen dazu, sondern nur die „rückbezüglichen Fürwörter" (Reflexivpronomen).

Im Deutschen sind das diejenigen, die man z. B. beim Satz:
„Ich wasche mich", „Du wäscht dich", „Er/sie wäscht sich" etc. braucht.

Rückbezügliche Zeitwörter

je	me	lave
tu	te	laves
il/elle	se	lave
nous	nous	lavons
vous	vous	lavez
ils/elles	se	lavent

↓ rückbezügliches Fürwort   ↓ Personalform

Rückbezügliche Fürwörter stehen **vor der Personalform!**
Beginnt diese mit einem Vokal, fällt das *e* von *me, te, se* weg!
Z. B. *je m'amuse*.

Wird ein Satz **verneint**, bleiben die **Fürwörter vor der Personalform!**
*Finver **ne** se lave **pas** . . .*

Setze die richtigen Formen ein.

1. Le matin, je (se réveiller) vers 7 heures et puis je (se doucher).
2. Ma mère (se maquiller) et (se préparer) pour aller au travail.
3. Nous (se coiffer) et nous (se regarder) dans la glace.
4. Je (s'habiller), j'ai choisi une robe bleue.
5. Mon père et mon frère (se raser) et (s'habiller) très vite.
6. Ils (se dépêcher).
7. Le week-end, mes parents (se reposer).
8. Moi et mes copains, nous (s'amuser) en boîte le samedi soir.
9. Nous (se coucher) tard et nous (se réveiller) très tard le dimanche.
10. Quand je (se lever), mes parents (se moquer) de ma tête d'épouvantail!

Fehler gemacht? Wenn ja, so sicher aus Ungenauigkeit!

 Beeile dich nie, wenn du etwas im Französischen schriftlich erledigen musst! Da kommt es immer auf Genauigkeit an!

Wenn du *je m'amuse* oder *tu t'amuses* **sagst**, hört niemand, ob du weißt, dass die Personalform bei *tu* ein -s braucht!
Wenn du es jedoch **schreibst**, muss es da sein, das -s!

DIE BEFEHLSFORM – DER IMPERATIV – L'IMPERATIF

M. Ver: Hör auf zu maulen! *Arrête.*

Finver: Schon wieder ein Befehl!

M. Ver: Du hast ja recht, aber ... ach, lass mich in Ruhe! *Fiche-moi la paix.*

Ich erkläre dir jetzt die Bildung der Befehlsform, damit ich mich nicht über Finver ärgern muss!

BEFEHL AN EIN „DU"

Wenn der Befehl – oder die Aufforderung – an eine einzelne Person gerichtet ist, mit der man **per du** ist, so verwendet man die **Form der 1. Person Einzahl!** (Ohne Rufzeichen danach!)

Also:
	Arrête.	Hör auf!
	Apprends.	Lerne!
	Travaille.	Arbeite!
Ausnahmen:	**Sois** *gentil.*	**Sei** nett!
	Va *te coucher.*	**Geh** schlafen!

Ja, da gibt's eine Ausnahme von der Ausnahme! Wenn nach dem Befehl *va* ein *y* folgt, verwendet man (der Aussprache wegen) *vas*: *Vas-y.*

BEFEHL AN EIN „SIE" ODER AN MEHRERE PERSONEN

Befehle ich jemandem, mit dem ich **per Sie** bin, oder **mehreren Personen** etwas, so verwende ich die **Form der 2. Person Mehrzahl!**

	Arrêtez.	Hören Sie auf! Hört auf!
	Apprenez.	Lernen Sie! Lernt!
	Travaillez.	Arbeiten Sie! Arbeitet!
Ausnahme:	**Soyez** *gentil(le)(s).*	**Seien** Sie nett! **Seid** nett!

BEFEHL „VON UNS AN UNS"

Richten **wir** einen Befehl **an uns** selbst, so verwenden wir die **Form der 1. Person Mehrzahl!**

	Arrêtons.	Lasst uns aufhören!
	Apprenons.	Lasst uns lernen!
	Travaillons.	Lasst uns arbeiten!
Ausnahme:	***Soyons** gentil(le)s.*	Lasst uns nett sein!

VERNEINENDE BEFEHLSFORM

Finver: Die dürfte wichtig sein, die höre ich auch dauernd:
Tu das nicht, schlaf nicht, lach nicht, red nicht usw.

Finver: Und das heißt auf Französisch:
Ne fais pas ça, ne dors pas, ne ris pas, ne parle pas.
Die verneinende Befehlsform funktioniert genauso wie die Verneinung sonst auch:

! Man setzt das **ne** vor die Personalform, das **pas** nach die Personalform. Das Personalpronomen fällt weg.

Ne	dors	pas.	Schlaf nicht!
Ne	travaillez	pas.	Arbeitet nicht!
N'y	allons	pas.	Gehen wir nicht dorthin!

Es kann auch vorkommen, dass die Befehlsform mit einem **Objektvertreter** (z. B. „Gib **mir** das Buch!") oder einem **rückbezüglichen Fürwort** („Wasch **dich**!") kombiniert wird.
Näheres darüber findest du im Abschnitt „Die Befehlsform und die Objektvertreter" im Kapitel „Pronomen" (Seite 91)!

Befehlsform – *L'impératif*		
Befehl an ein **Du**:	1. Person Einzahl	*Arrête! N'arrête pas.*
Befehl an ein **Sie** oder an mehrere:	2. Person Mehrzahl	*Arrêtez. N'arrêtez pas.*
Befehl an uns selbst:	1. Person Mehrzahl	*Arrêtons. N'arrêtons pas.*
Ausnahmen: être aller	*sois, soyons, soyez va*	

Forme die folgenden Sätze in Befehle um.

1. Vous devez venir avec les enfants. – **Venez avec les enfants.**
2. Tu ne dois pas lire cet article. – **Ne lis pas cet article!**
3. Vous devez aller à la piscine.
4. Tu dois être patient.
5. Vous devez finir la partie.
6. Nous devons faire d'autres projets.
7. Tu ne dois pas ouvrir la fenêtre.
8. Vous ne devez pas dire la verité.
9. Nous ne devons pas partir aujourd'hui.
10. Tu ne dois pas aller au cinéma.
11. Vous devez écrire les lettres à vos parents.
12. Nous devons prendre des photos.
13. Tu dois tenir ton chien en laisse.
14. Vous ne devez pas vendre ces cassettes.
15. Vous devez être à l'heure.
16. Vous devez faire vos devoirs.
17. Tu ne dois pas boire le coca.
18. Vous devez apprendre les verbes français.

DIE VERGANGENHEIT – DAS PERFEKT – *LE PASSE COMPOSE* (Abk. P. C.)

Finver: Und wo, bitte, ist das *imparfait*? Du kannst nicht nur das *passé composé* besprechen, das reicht bei uns nicht, wenn man etwas erzählen will, was schon vorbei ist! Da braucht man auf alle Fälle auch das *imparfait*!

M. Ver: Ja, Finver. Du hast recht. Aber ich muss mit irgendetwas beginnen, ich kann nicht alles gleichzeitig erklären!
Und ich fange eben mit dem *p. c.* an. Da gibt's mehr zu besprechen! Das *imparfait* ist dagegen einfach.
Über den Gebrauch der beiden Zeiten kann ich erst etwas sagen, wenn die Formen des *passé composé* sitzen.

Finver: Du hast mich überzeugt. Fang an!

M. Ver: Das mach ich auch!

Grundsätzlich wird das *p. c.* genauso gebildet wie die deutsche Vergangenheit:

Beispiel:

ich	habe	gesprochen	j'	ai	parlé
du	bist	gegangen	tu	es	allé(e)

Schwierigkeiten bereiten können dir im Französischen aber vor allem zwei Fragen:

☆ Wie bildet man das Mittelwort der Vergangenheit (das *participe passé*, von mir in Zukunft kurz *p. p.* genannt)?

☆ Welche Verben bilden ihre Vergangenheit mit *être*?

Diese Fragen will ich nun beantworten!

DIE BILDUNG DES *PARTICIPE PASSE*

Die Verben werden in der gleichen Reihenfolge besprochen, in der sie im Teil „Gegenwart" drankamen!
Nimm deine Karteikarten zur Hand und schreibe die Formen des *p. p.* bei den jeweiligen Verbgruppen oder Verben dazu!

Übungen folgen erst am Ende der Erklärungen, werden dann aber ebenfalls in der Reihenfolge der besprochenen Verben erscheinen.

VERBEN AUF *-ER*

Du nimmst ihnen ihre Nennformendung weg und hängst **-é** an den Stamm.

Nennform		p. p.
parl.**er**	→	parl.**é** (gesprochen)
aim.**er**	→	aim.**é** (geliebt)

VERBEN AUF *-IR*

Diejenigen mit Stammerweiterung *(finir)* und auch die ohne Stammerweiterung *(sortir, partir, dormir, servir* etc.) bilden ihr *p. p.* auf *-i*.

Nennform		p. p.
fin.**ir**	→	fin.**i**
sort.**ir**	→	sort.**i**
part.**ir**	→	part.**i**
dorm.**ir**	→	dorm.**i**
serv.**ir**	→	serv.**i**

Diejenigen, deren Gegenwartformen wie die der Verben auf *-er* sind *(ouvrir, offrir, couvrir* etc.), verlieren nicht nur ihre Endung *-ir*, sondern auch das *-r* davor und haben ein *p. p.*, das auf **-ert** endet:

Nennform		p. p.
ouv.**r.ir**	→	ouv.**ert**
off.**r.ir**	→	off.**ert**
couv.**r.ir**	→	couv.**ert**

TIPP Eine Merkhilfe für diese Formen:
Ein Offert machen heißt, ein Angebot machen, ein Kuvert bedeckt einen Brief an jemanden . . .
(Kein Mensch würde „Offri" oder „Kuvri" sagen! Oder?)

Und schließlich gibt's noch
die zwei unregelmäßigen Verben:
venir und *tenir*.
Bei beiden endet das *p. p.* auf *-u*.

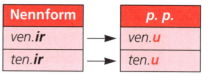

ALLER, AVOIR, ETRE

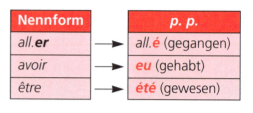

VERBEN AUF *-RE*

Die regelmäßigen Verben dieser Gruppe bilden ihr *p. p.* auf *-u*

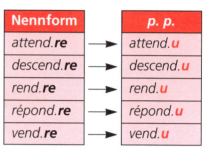

Die anderen Mittelwörter enden entweder auf *-u*, auf *-t* oder auf *-i(s)*

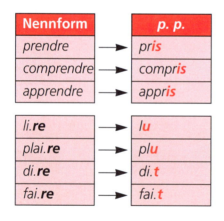

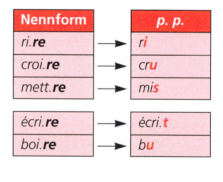

VERBEN AUF *-OIR*

HURRA!
Sie enden (fast alle, bzw. alle bisher besprochenen) auf *-u*.
(Manche verlieren dabei aber einen Teil ihres Stammes!)

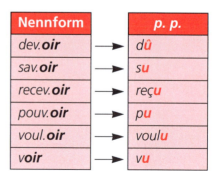

ERDKNÖPFE UND RAUMKNÖPFE

Du liest etwas, kannst es dir aber nur schwer merken?

Halte deine Erdknöpfe:

Du berührst mit je zwei Fingern der einen Hand den Rand deines Schambeins und mit zwei Fingern der anderen Hand den Punkt unterhalb der Unterlippe.

Dauer der Übung: 2 Minuten.

Passieren dir Fehler beim Abschreiben von der Tafel?

Halte deine Raumknöpfe:

Du berührst mit zwei Fingern der einen Hand das Steißbein. Es befindet sich am unteren Ende der Wirbelsäule. Mit zwei Fingern der anderen Hand berührst du den Punkt oberhalb der Oberlippe. Die Erdknöpfe und Raumknöpfe kannst du auch sanft massieren.

Dauer der Übung: 2 Minuten

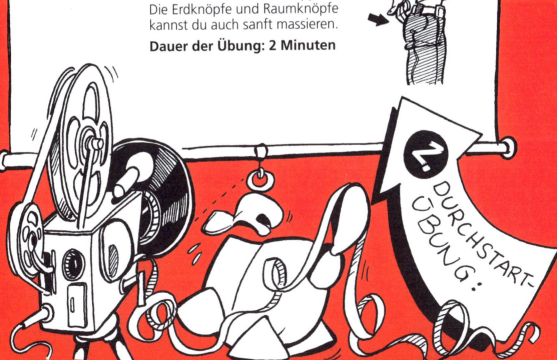

2. DURCHSTART-ÜBUNG!

P. C. MIT *AVOIR* ODER *ÊTRE*?

☆ Die meisten Verben werden mit *avoir* abgewandelt! Das ist die gute Nachricht!

Übrigens auch *être* selbst!

!

ich bin gewesen	j'	ai	été
du bist gewesen	tu	as	été
er/sie ist gewesen	il/elle	a	été
wir sind gewesen	nous	avons	été
ihr seid gewesen	vous	avez	été
sie sind gewesen	ils	ont	été

Die schlechte Nachricht ist, dass viele der Verben, die mit *être* abgewandelt werden, sehr wichtig sind und oft vorkommen! Dass man sie also genau kennen muss!

Außerdem gibt es einige, die im Deutschen ihre Vergangenheit mit **haben** bilden, im Französischen jedoch mit **sein** – und natürlich umgekehrt. Das kann zu Fehlern führen!

Aber keine Angst, mit etwas Konzentration (und mehreren Wiederholungen) wirst du auch dieses Problem bald gemeistert haben!

☆ Die meisten Verben, die das *p. c.* mit *être* bilden, sagen etwas über die **Richtung einer Bewegung** aus.

Man kann dann mit „wohin" *(où)* oder „woher" *(d'où)* weiterfragen.

P. C. mit *être* – „Verben der Bewegungsrichtung"	
aller / (re)venir	gehen / (zurück)kommen
partir / arriver	abreisen / ankommen
sortir / entrer	(hin)ausgehen / eintreten
monter / descendre	hinaufgehen / hinuntergehen
retourner	zurückgehen
rentrer	heimgehen
tomber	fallen
+	
rester	bleiben
devenir	werden

! Die **Verben der Bewegungsart** werden mit *avoir* abgewandelt:

☆ Alle **rückbezüglichen Verben** werden mit *être* abgewandelt!

je m'amuse	je	me	**suis**	amusé(e)*
tu t'appelles	tu	t'	**es**	appelé(e)*
il/elle se blesse	il/elle	s'	**est**	blessé(e)*
nous nous lavons	nous	nous	**sommes**	lavé(e)s*
vous vous habillez	vous	vous	**êtes**	habillé(e)s*
ils se coiffent	ils	se	**sont**	coiffés*
elles s'arrêtent	elles	se	**sont**	arrêtées*

*Hier kommt es zur Übereinstimmung des *p. p.* mit dem Subjekt!

! **Wird ein Verb mit *être* abgewandelt, so kommt es zur Übereinstimmung des Mittelwortes (des Partizips) mit dem Subjekt! = *L'accord du participe passé!***

Ist das Subjekt weiblich oder männlich? In der Einzahl oder in der Mehrzahl? Je nachdem sehen die Endungen des Mittelwortes aus:

Ist das Subjekt	weibliche Einzahl	p. p.	+ **e**	→ *allée*
	männliche Mehrzahl	p. p.	+ **s**	→ *allés*
	weibliche Mehrzahl	p. p.	+ **es**	→ *allées*

Achtung: Endet das *p. p.* auf *-s* (z. B. *pris*), bleibt die männliche Mehrzahl unverändert!

Z. B.

Je	suis	all**é**e	(wenn Mimi spricht)
Tu	es	allé?	(wenn Mimi Finver fragt)
Il	est	allé	
Elle	est	allée	

Nous	sommes	all**é**s	(nous wären hier Finver, Mimi und ich)
Vous	êtes	all**é**es?	(wenn ich Mimi und ihre Freundin frage)
Ils	sont	all**é**s	
Elles	sont	all**é**es	

Bei *il/elle/ils/elles* ist es klar, wie das *p. p.* aussehen muss, bei *je/tu/nous/vous* muss man wissen, wer das Subjekt ist, und dann entscheiden, welche Endung das *p. p.* braucht!

Achtung: **Vous** kann auch Anredefürwort sein!
*Bonjour, **Madame**, quand est-ce que vous êtes arriv**é**e?*
*Bonjour, **Monsieur**, quand est-ce que vous êtes arriv**é**?*
*Bonjour, **Messieurs**, quand est-ce que vous êtes arriv**é**s?*
*Bonjour, **Mesdames**, quand est-ce que vous êtes arriv**é**es?*

Kurzform der Regel: Bei *être* wird übereingestimmt!

TIPP Es gibt auch Fälle, wo man das *p. p.* übereinstimmt, obwohl das Verb mit *avoir* abgewandelt wird! (Siehe Kapitel „Die Fürwörter", Seite 109.)

16

Wir üben die rückbezüglichen Verben auf *-er*. Setze die Sätze in das *passé composé* und stimme das *participe passé* richtig überein:

1. Brigitte dit: Je m'amuse à la discothèque. – **je me suis amusée**
2. Pierre se lève à huit heures. – **il s'est levé**

à toi
3. Elle s'appelle Christine Lemans.
4. Luc et Yvonne, vous vous couchez à 2 heures?
5. Les enfants se cachent derrière l'armoire.
6. Mes parents disent: Nous nous couchons très tard.
7. Madame, quand est-ce que vous vous levez?
8. Elles s'occupent de trois enfants.
9. Le train s'arrête à toutes les stations.
10. Yvonne dit: Je me couche à 3 heures!
11. Messieurs, vous vous promenez le soir?
12. Nous, les élèves, nous nous ennuyons ici.
13. Mesdames, vous vous habillez toujours de la même façon?

Rückbezügliche Verben auf *-er*; Verben der Bewegungsrichtung; *rester*
„Alles schon gemacht!"

1. Madame, vous allez à la plage? **Non, je suis déjà allée à la plage.**
2. Les enfants se lavent le soir? **Non, ils se sont déjà lavés.**
3. Ton père arrive à trois heures? Non, il . . .
4. Luc et Pierre, vous montez à Montmartre aujourd'hui? Non, nous . . .
5. Sylvie et Yvonne, vous descendez dans le jardin? Non, nous . . .
6. Ta grand-mère vient chez vous l'après-midi? Non, elle . . .
7. Le train pour Nice part dans une heure? Non, il . . .
8. Tes amis sortent maintenant? Non, ils . . .
9. Les filles, vous vous lavez? Non, nous . . .
10. Mesdames, vous allez au musée Picasso? Non, nous . . .
11. Christine et Paul, vous vous couchez maintenant? Non, nous . . .
12. Les profs arrivent bientôt? Non, ils . . .

 Verben der Bewegungsrichtung; Verben auf *-er*
Être oder *avoir*? Setze die Sätze in das *passé composé* und stimme, wenn nötig, das *p. p.* mit dem Subjekt überein!

1. Le taxi arrive en retard. – **Le taxi est arrivé . . .**
2. Ma mère travaille au jardin. – **Ma mère a travaillé . . .**
3. Brigitte, tu vas à la plage?
4. Elle reste à la plage jusqu'à huit heures.
5. Les enfants jouent dans leur chambre.
6. Leur mère prépare un bon repas.
7. Nous, les deux familles, nous partons ensemble.
8. Quand est-ce que les enfants sortent du lycée?
9. Nous marchons trois heures.
10. Ma mère oublie mon anniversaire.
11. Les enfants nagent tout l'après-midi.
12. Je vais voir ma tante à l'hôpital.
13. Quand est-ce que les enfants sortent?
14. Marc et Paul, vous partez pour Cannes dimanche?
15. Les filles arrivent à trois heures.
16. Après le cinéma, je reviens à pied.
17. Marielle, ce soir, tu restes à la maison?
18. Monsieur, vous venez des Etats-Unis?

Wir üben das *p. p.* der Verben auf *-er*, der Verben der Bewegungsrichtung/art und von *avoir* und *être*!
Finde die verlangten Formen des *p. c.*:

1. aller: tu   **es allé(e)**
2. travailler: vous   _____
3. sortir: elle   _____
4. venir: nous   _____
5. être: j(e)   _____
6. aller: vous   _____
7. retourner: ils   _____
8. partir: je   _____
9. sauter: elle   _____
10. rester: elles   _____

Verben auf *-ir*; *avoir*, *être*; rückbezügliche Verben.
Setze die Infinitive in die richtige Form des *passé composé*:

1. Enfin tu (avoir) le temps de m'écrire. Moi, je (partir) pour Cannes il y a trois jours. Hier, je (rencontrer) Isabelle Cartier et nous (aller) dîner ensemble. Nous (être) dans un restaurant très chic où nous (manger) un repas excellent. A la fin, on (servir) du champagne pour tous les clients! Puis Isabelle (dormir) chez moi et le matin, elle (quitter) Cannes pour rentrer en Bretagne.

2. Ce matin, Marc (arriver) très tôt et il (apporter) un sac avec des photos. Nous (regarder) toutes les photos. Après nous (jouer) au football. Le soir, mes parents (rentrer) du travail et nous (rester) à la maison pour regarder la télé.

3. Ma grand-mère (raconter): A deux heures du matin, on (sonner). Je (se lever) et je (ouvrir) la porte. Je (découvrir) un grand paquet que je (ouvrir) tout de suite.

4. Il y a deux ans, Muriel (aller) en Suisse. A la douane, elle (avoir) trente minutes d'attente. D'abord, elle (être) fachée, mais après vingt-cinq minutes, un jeune homme (venir) et il (demander): Vous pouvez m'emmener? Alors, Muriel (emmener) cet homme, ils (parler), ils (s'amuser) et à la fin du voyage, le jeune homme (proposer) à Muriel de se revoir. Après six mois, ils (se marier).

5. Madame Serge dit à ses enfants: Vous (finir) vos devoirs? Nous voulons partir dans dix minutes! Vous (choisir) les vêtements que vous emportez? Jean, tu (préparer) les sandwichs? Marie, tu (se coiffer)? Paul, tu (offrir) un café à Madame Levy? Où est papa? Il (sortir)? Bien!

Bevor wir nun mit den Übungen weitermachen, schnell etwas Neues!

DIE VERNEINUNG

Willst du einen Satz, der in der Vergangenheit steht, verneinen, so umschließen die beiden Teile der Verneinung die Personalformen!

| Tu | as | *préparé* le repas? | Non, | je | n' | ai | pas | *préparé* le repas. |
| Tu | es | *allé* au cinéma? | Non, | je | ne | suis | pas | *allé* au cinéma. |

Genaueres findest du im Kapitel „Verneinung" auf Seite 138!

Verben auf -*re*!
Beantworte die Fragen, indem du mit den Stichwörtern Sätze bildest!

1. Pourquoi est-ce que la police arrête les deux hommes?
   [prendre le sac d'une dame]
   Parce qu'ils ont pris le sac d'une dame.
2. Où est Pierre?
   Il n'est pas encore descendu. [ne pas encore descendre]

Hoppla! Mir sind die Antworten durcheinander geraten! Du musst die passende erst finden!

3. Vous êtes en retard! Pourquoi?
4. Ta soeur est malade! Pourquoi?
5. Où est mon livre?
6. Ta mère est fachée! Pourquoi?
7. Pourquoi est-ce que vous devez rester au lycée?
8. Tu connais Milan Kundera?
9. Pourquoi est-ce que cette dame ne me répond pas?
10. Tes parents attendent encore de tes nouvelles?
11. Vous allez chez Max. Pourquoi?
12. Pourquoi est-ce que tu n'as pas acheté ce pull?

il, faire un gâteau
rire pendant la leçon
je, ne pas encore, écrire
il, ne pas, plaire à mon mari

il, mettre le livre sur la table
attendre un taxi

boire trop de vin
ne pas, comprendre la question
lire, tous ses livres

nous, ne pas, dire la vérité

Verben auf *-ir* und *-re*; Gegenwart und Vergangenheit.
Finde die verlangten Formen.

		Gegenwart		Vergangenheit	
1.	boire	elle	_____	ils	_____
2.	écrire	nous	_____	tu	_____
3.	partir	je	_____	elle	_____
4.	prendre	ils	_____	tu	_____
5.	rire	je	_____	elle	_____
6.	finir	nous	_____	tu	_____
7.	venir	il	_____	ils	_____
8.	ouvrir	elle	_____	tu	_____
9.	faire	vous	_____	vous	_____
10.	dormir	je	_____	j'	_____

Verben auf *-oir* und *-re*. Setze in das *passé composé*.
1. Vous (être) à Paris deux fois.
2. Madame Levy (prendre) le train.
3. Nous (mettre) les chaises sur le balcon.
4. Elle (rendre) tous les cadeaux à son petit ami.
5. Ils (devoir) partir tout de suite.
6. Il (faire) ses études à la Sorbonne.
7. Elles (descendre) à l'hôtel Miramare.
8. Il (vouloir) inviter tous ses amis.
9. Vous (ne pas recevoir) ma lettre?
10. Tout à coup, il (ne pas pouvoir) répondre.
11. Hier, je (voir) tes voisins!
12. Elle (boire) tout le lait.
13. Hier, mon père (ne pas pouvoir) aller au travail parce qu'il (avoir) mal à la tête.
14. Pour écrire son roman l'auteur (se servir) de leurs lettres.
15. Je (ne pas encore lire) le journal.
16. Patricia (écrire) de Londres.
17. Cette semaine, nous (prendre) l'avion pour aller à Vienne.
18. Cette fois, il (avoir) de la chance.

EXERCICE DU CHEF

Verben auf *-ir, -re,* und *-oir*; Gegenwart und Vergangenheit.

		GEGENWART		VERGANGENHEIT
1.	avoir	j' _____	tu	_____
2.	choisir	nous _____	nous	_____
3.	attendre	tu _____	elle	_____
4.	prendre	ils _____	j'	_____
5.	devoir	il _____	il	_____
6.	descendre	nous _____	vous	_____
7.	savoir	je _____	ils	_____
8.	revenir	tu _____	nous	_____
9.	vendre	nous _____	nous	_____
10.	sortir	elle _____	elle	_____
11.	offrir	il _____	il	_____
12.	pouvoir	je _____	tu	_____
13.	dire	nous _____	vous	_____
14.	mettre	je _____	j'	_____
15.	faire	ils _____	ils	_____
16.	être	tu _____	vous	_____

AUSWERTUNG:

Für jede richtige Personalform gib dir 1 Punkt! 32 sind maximal zu erreichen.
Wenn du bei einer Einzahlform **nur die Endung** falsch hast, darfst du dir 0,5 Punkte geben!

32–29 Punkte:	Super! Du bist schon ein Verbformenprofi!
28–25 Punkte:	Ganz gut, aber du musst unbedingt genauer sein!
24–21 Punkte:	Bist du zufrieden mit deiner Leistung? Ich bin's nicht ganz!
20–17 Punkte:	Hast du Kummer? Bist du müde? Oder hast du neben dem Fernseher gearbeitet? Versuche die Übung in ein paar Tagen wieder!
16 – ... Punkte:	Hast du das Buch zufällig erst hier aufgeschlagen . . .?

Finver: Pst!
Wollt ihr mit mir einen Blick ins Klassenzimmer des *M. Ver* werfen und die Gespräche seiner Wurmschüler belauschen, während er den Stoff ins Klassenbuch einträgt?
Er wird übrigens die Verbformen der Vergangenheit besprechen! Die können die Wurmkinder noch nicht, wie man hört!
Könnt ihr ihnen vielleicht jeweils sagen, wie's richtig wäre?

1. _____
2. _____
3. _____
4. _____
5. _____
6. _____
7. _____
8. _____
9. _____
10. _____
11. _____

KONTROLLFRAGEN

1. Welche Verben bilden ihre Vergangenheit mit *être*?
2. Welche Nennformendungen gibt es im Französischen?
3. Welche drei Verben haben in der 2. Person Einzahl kein *-ez*?
4. Wann wird das Mittelwort der Vergangenheit *(le p. p.)* übereingestimmt?
5. Wie wird es übereingestimmt?
6. Wie heißt das *p. p.* von: *voir, devoir, prendre, boire, attendre, être, avoir, venir, recevoir* und *écrire*?
7. „wir sind gewesen" – was heißt das auf Französisch?
8. Wie heißt die 3. Person Mehrzahl von *devoir, pouvoir* und *vouloir*?
9. Wie heißen die Formen der Gegenwart von *aller*?
10. Welche Personalformendungen gibt es in der Gegenwart?

EXERCICE DU CHEF

Setze den folgenden Text ins *passé composé*.

1. Samedi, Xavier va au cinéma. Il voit un film de science-fiction. Il y va seul car sa copine part en vacances. Elle fait du camping quelques jours en Savoie avec ses copines. Pendant ce temps, Xavier doit travailler.
2. Les élèves sortent avec leur prof d'histoire-géo. Ils visitent le Louvre. Ils découvrent la nouvelle aile Richelieu. Ils sont enchantés. Ils marchent beaucoup. Ils apprécient leur journée et remercient leur prof pour cette sortie.
3. Nous finissons nos devoirs. Ensuite nous sortons pour aller acheter du pain. Nous nous arrêtons chez Alexandre pour prendre de ses nouvelles. Il manque l'école deux jours car il a la grippe. Enfin nous revenons et nous nous couchons. Nous sommes aussi malades. Quelle histoire!
4. Nina prend l'avion pour aller à Munich car elle rend visite à Véro. Véro doit l'attendre longtemps à l'aéroport car elle ne lit pas bien la lettre et vient une heure trop tôt. Elles passent une semaine ensemble. Elles découvrent Munich et la ville plaît à Nina. Elle voit tous les quartiers. Elle est très contente. Elle se promet d'y retourner.

AUSWERTUNG:

Die Übung war nicht ganz leicht, ich weiß!
Wenn du 0–4 Fehler hast, darfst du zufrieden sein mit dir!
Sind es 5–8 Fehler, bin ich auch zufrieden, du solltest jedoch dein „Verbgewissen" noch überprüfen und nicht aufs regelmäßige Wiederholen der Formen vergessen!
Hast du 9–12 Fehler, siehst du mich bedenklich mit dem Kopf wackeln, und du solltest schleunigst die nicht gewussten Formen auf ein Lernplakat schreiben! Zur täglichen Wiederholung!
Mehr als 12 Fehler darfst du einfach nicht haben!

II. DIE ARTIKEL – LES ARTICLES

In diesem Kapitel erfährst du Näheres über

☆ **die bestimmten Artikel** und ihre **Formen**.
   Du lernst dabei die Ergänzungen kennen, die oft euren **„Fällen"** entsprechen.
   Daher bespreche ich auch die Vorwörter *de* und *à*.
   Schließlich zeige ich dir **Verben, die andere „Ergänzungen"** als im Deutschen **verlangen**.

☆ den **unbestimmten Artikel in Einzahl und Mehrzahl**.

☆ den berühmten **Teilungsartikel**, seine Formen und seine Verwendung.
   Auch über **Mengenangaben** werden wir uns unterhalten.

DER BESTIMMTE ARTIKEL – L'ARTICLE DEFINI

Finver: *Mais tu ne vas pas parler des articles! C'est trop simple!*
Die Artikel! Wo gibt's denn da Probleme?

M. Ver: Probleme kann es überall dort geben, wo Unterschiede im System auftauchen, und die sind wahrhaftig gegeben!

Es gibt z. B. nur zwei Artikel in der Einzahl

Einzahl		Mehrzahl
männlich	weiblich	männlich und weiblich
le	***la***	***les***

Da leider das Geschlecht unserer Nomen nicht immer mit dem der deutschen übereinstimmt, kommt hier mein

TIPP Beim Vokabellernen den Artikel als Teil des Wortes mitlernen! Ein neues Wort, dessen Geschlecht du nicht kennst, ist nur halb gelernt!

Beginnt das Wort nach dem bestimmten Artikel mit einem Vokal (oder einem stummen h), bleibt von *le* und *la* nur *l'*. Man erkennt das Geschlecht nicht mehr!
Z. B.   *l'ananas* (m.)   *l'hôtel* (m.)
        l'orange (w.)   *l'heure* (w.)

DIE „ERGÄNZUNGEN"

! Bei uns gibt es keine „Fälle", denn wir drücken die Beziehungen der Nomen oder ihrer Vertreter zueinander durch Vorwörter aus!
Damit es für dich aber Vergleichsmöglichkeiten gibt, sage ich dir, welchem „Fall" unsere Vorwörter meist entsprechen.

	Einzahl				Mehrzahl
	männl.	weibl.	vor Vokal	Namen	männl. u. weibl.
Subjekt (1. Fall)	*le* père	*la* mère	*l'*ami(e)	Mimi	*les* amis
Besitz-verhältnis (2. Fall)	*du* père ~~(de+le)~~*	*de la* mère	*de l'*ami(e)	*de* Mimi	*des* amis ~~(de+les)~~*
Indirektes Objekt (3. Fall)	*au* père ~~(à+le)~~*	*à la* mère	*à l'*ami(e)	*à* Mimi	*aux* amis ~~(à+les)~~*
Direktes Objekt (4. Fall)	*le* père	*la* mère	*l'*ami(e)	Mimi	*les* amis

* die Verschmelzungen von ~~de+le~~ zu **du**
                            ~~de+les~~ zu **des**
                            ~~à+le~~   zu **au**
                            ~~à+les~~ zu **aux**

erfolgen nur, wenn *de* oder *à* auf die bestimmten Artikel *le* oder *les* treffen! Folgt den Vorwörtern ein anderes Wort (z. B. ein Fürwort), gibt es keine Verschmelzung! (*de ce père, à mes parents* etc.)

DE

Dieses Vorwort drückt, wie schon erwähnt, ein **Besitzverhältnis** aus:
z. B.: *Finver est un ami de Mimi* („von Mimi")

* ICH BIN DER DIREKTOR DER SCHULE DER WÜRMER.

De kann aber auch eine **Ortsergänzung** einleiten:
   Je viens **de** Cannes.
   Véronique vient **du** Havre. (*le* Havre verschmilzt mit *de* zu **du**)

Weiters verlangen einige **Vorwörter des Ortes** auch *de*.
Folgt ihnen ein bestimmter Artikel, so kommt es natürlich ebenfalls zur Verschmelzung *du* und *des*!

près de	→ nahe bei	Elle habite **près de** l'église.
à côté de	→ neben	Elle habite **à côté du** collège.
loin de	→ weit entfernt von	Elle habite **loin de la** gare.
autour de	→ um . . . herum	Elle nage **autour des** îles.
en face de	→ gegenüber	Elle habite **en face de** Brigitte.
au bord de	→ am Rande von	Elle habite **au bord de** la mer.
à gauche de	→ links von	Elle habite **à gauche du** bar.
à droite de	→ rechts von	Elle habite **à droite de l'**hôtel.

Bilde Sätze nach folgendem Muster:

1. je, chercher, la gare, Le Havre: **Je cherche la gare du Havre.**

2. nous, chercher, le supermarché, le centre-ville
3. je, aller, au café, le quartier
4. la poste, être, en face de, le cinéma
5. les voleurs, prendre, les appareils photo, les touristes
6. l'enfant, jouer avec, la montre, la mère
7. nous, prendre, la voiture, les voisins
8. il, chercher, la pharmacie, la ville
9. le stade, être, loin de, le centre-ville
10. ils, habiter, près de, l'église

A (à)

Dieses Vorwort verbindet nicht nur das indirekte Objekt mit dem Verb, sondern leitet auch **Ortsergänzungen** ein.
Trifft es dabei mit den bestimmten Artikeln *le* oder *les* zusammen, wird es mit ihnen zu *au* bzw. zu *aux* verschmolzen!

*Je vais **au** marché, après **au** théâtre.*
*Il a un livre **à la** main.*
*Il va **à l'**église.*
Il a toujours
*une cigarette **aux** lèvres.*

DIREKTES OBJEKT/INDIREKTES OBJEKT

Eure „Ergänzung im 4. Fall" entspricht oft unserem **objet direct**,
die „Ergänzung im 3. Fall" entspricht oft unserem **objet indirect**.

Man kann versuchen, die beiden Namen so zu erklären:
Nehmen wir an, das Zentrum des Satzes ist das Verb, weil man, von ihm ausgehend, Sätze bilden kann.

Es gibt nun („einarmige") Verben, denen ein Satzglied reicht, um einen vollständigen (Aussage-)Satz zu bilden:

„Ich	arbeite."
(Subj.)	(Präd.)

ist ein richtiger, vollständiger Satz.

Natürlich können noch andere Satzglieder dazukommen, aber man „braucht" sie nicht!

Dem Wort „lieben" genügt jedoch nicht nur ein Satzglied!
„Ich liebe!" kann zwar manchmal die Erklärung für ein bestimmtes Verhalten sein, meist wollen die anderen aber wissen, wen oder was man denn nun liebt, und sie werden sich erst mit einer Antwort wie „Ich liebe meine Arbeit" (ha! ha!) zufrieden geben.
„Lieben" hat also „zwei Arme", es braucht zwei Satzglieder, um einen vollständigen Satz zu bilden.

Im Deutschen gibt es auch „dreiarmige" Verben, z. B. „schenken":

Finver	schenkt . . .
Wem?	. . . seiner Freundin . . .
Wen/was?	. . . sein Herz!

„schenken" kann drei Satzglieder **direkt** an sich binden:
das Subjekt (*Finver*),
ein Dativobjekt (seine Freundin),
ein Akkusativobjekt (sein Herz).

Jetzt zum Französischen:

Auch wir haben „einarmige" Verben:

„Je travaille" ist ein vollständiger Satz.

Ebenso gibt es „zweiarmige" Verben:

	„J'	aime	mon travail"
besteht aus	Subjekt	Prädikat	**direktem Objekt *(objet direct)***

Was es **nicht** gibt, sind „dreiarmige" Verben, also Verben, die mit drei Armen je ein Satzglied **direkt** an sich binden.

Manche **brauchen** zwar ein drittes Satzglied, um dieses aber an sich binden zu können, benötigen sie ein Hilfsmittel, nämlich ein **Vorwort** (eine Präposition), und dieses ist *à*.

> Und da dieses dritte Satzglied nur mit Hilfe des Vorworts *à* an das Verb gebunden werden kann, nennen wir es **indirektes Objekt** *(objet indirect)*.

Je	donne	mon coeur	à mon amie.
Subjekt	Prädikat	direktes Objekt	indirektes Objekt

FINVER, VERGISS NICHT, DIE SATZGLIEDER, ÄH.. DIE RAUMKAPSELN, RICHTIG ANZUDOCKEN!

Es gibt einige Verben, die im Französischen eine andere Ergänzung verlangen als im Deutschen!

!

demander + à *(Objet indirect)*	Je **demande à** ma mère, **au** père, **aux** parents (Ich frage meine Mutter, den Vater, die Eltern)
téléphoner + à *(Objet indirect)*	Je **téléphone à** mon ami, **aux** parents etc. (Ich rufe meinen Freund, die Eltern an)
parler + à *(Objet indirect)*	Je **parle à** ma mère, **aux** parents etc. (Ich spreche mit/zu meiner Mutter, den Eltern)
aider + --- *(Objet direct)*	**J'aide ma mère, le père, les parents** etc. (Ich helfe meiner Mutter, dem Vater, den Eltern)
attendre + --- *(Objet direct)*	**J'attends la mère, le père, les parents** etc. (Ich warte auf die Mutter, den Vater, die Eltern)

Während bei euch normalerweise die Ergänzung im 3. Fall **vor** der Ergänzung im 4. Fall steht,

		3. Fall	4. Fall
Ich	schenke	meiner Freundin	mein Herz
Je	donne	*mon coeur*	*à mon amie*
		objet direct	**objet indirect**

sagen wir:

Das bedeutet, dass das *objet direct* vor dem *objet indirect* steht. (Was aber logisch sein dürfte, denn das, was beim Verb direkt „andocken" kann, wird wohl näher bei ihm stehen!)

ALLES KLAR? JETZT ABER EINE KURZFASSUNG. DER CHEF PLAUDERT IMMER ZU VIEL!

Der bestimmte Artikel – *L'article défini*					
	Einzahl männlich **LE** weiblich **LA**			Mehrzahl männlich weiblich **LES**	
	Einzahl				Mehrzahl
	männl.	weibl.	vor Vokal	Namen	männl. u. weibl.
Subjekt (1. Fall)	**le** père	**la** mère	**l'**ami(e)	Mimi	**les** amis
Besitz-verhältnis (2. Fall)	**du** père ~~(de+le)~~*	**de la** mère	**de l'**ami(e)	**de** Mimi	**des** amis ~~(de+les)~~*
Indirektes Objekt (3. Fall)	**au** père ~~(à+le)~~*	**à la** mère	**à l'**ami(e)	**à** Mimi	**aux** amis ~~(à+les)~~*
Direktes Objekt (4. Fall)	**le** père	**la** mère	**l'**ami(e)	Mimi	**les** amis

BESONDERE VERBEN:
- *demander à* — Je **demande à** ma mère, **au** père, **aux** parents
- *téléphoner à* — Je **téléphone à** mon ami, **aux** parents
- *parler à* — Je **parle à** ma mère, **aux** parents
- *aider +---* — J'**aide** la mère, mon père, les parents
- *attendre + ---* — J'**attends** ma mère, mon père, les parents

*****Vorwörter, die *de* verlangen:** Verschmelzung von ~~de+le~~ zu *du* und ~~de+les~~ zu *des*!

près de	nahe bei	à côté de	neben
loin de	weit entfernt von	autour de	um ... herum
en face de	gegenüber	au bord de	am Rande von
à gauche de	links von	à droite de	rechts von

Setze die fehlenden Wörter ein!
(Möglich sind: *à, au, à la, à l', aux, de, du, de la, de l', des* oder ---)

1. On va **au** restaurant _____ mon oncle.

2. J'attends _____ mon copain à côté _____ boulangerie.

3. On va aider _____ Philippe à faire ses devoirs.

4. Nous montrons les photos _____ bébé _____ professeur.

5. Tu préfères aller _____ mer ou _____ Paris?

6. Il est étudiant _____ université _____ Rouen.

7. Nous habitons _____ quartier _____ musiciens.

8. Mes amies arrivent _____ fin _____ après-midi.

9. Ma tante est vendeuse _____ Galeries Lafayette.

10. Elle demande _____ marchand où est l'hôpital _____ ville.

Übersetze.
1. Ich frage den Verkäufer, ob er den grauen Pullover noch hat.
2. Wir warten auf Peter vor dem Haus der Nachbarn.
3. Wir rufen die Eltern an.
4. Sie helfen den Kindern.
5. Die Schule ist weit weg vom Appartement des Mädchens.
6. Ich stelle dem Vater den Freund der Schwester vor.
7. Schickt Pierre das Geld dem Bruder?
8. Brigittes Eltern zeigen den Kindern oft die Photos ihrer Hochzeit.
9. Sie wohnt neben dem Markt, der am Rande (Ufer) des Meeres ist.
10. Ich stelle das Zelt neben den Wohnwagen der Eltern.

Bilde Sätze nach folgendem Muster!
☆ ~~voir un film~~, regarder un match de football, voir une pièce de Molière, monter à la Tour Eiffel, avoir une carte d'identité, acheter du pain, apprendre les maths, lire des livres
☆ la boulangerie, ~~le cinéma~~, le théâtre, le stade, la bibliothèque, Paris, le lycée, le commissariat

1. **Pour voir un film, on va au cinéma.**

2. Pour regarder un match de football, on . . .
3. Pour . . .

Setze die passenden Artikel (und Vorwörter) ein.

1. Je vais écouter **la** radio, toi, tu regardes _____ télé.
2. Il demande _____ père s'il lui donne _____ clés _____ voiture.
3. Pierre montre _____ cadeau pour son frère _____ mère de Julie.
4. Elle demande _____ Pierre où il a acheté _____ avion.
5. Nous attendons _____ parents en face _____ gare.
6. Il téléphone _____ collège et dit _____ directeur qu'il est malade.
7. Il a _____ grippe et appelle _____ docteur.
8. Tu aides _____ voisins? On cherche _____ chats _____ voisins.
9. Ce sont _____ amis _____ directeur _____ collège Pierre Nodier.
10. Elle ne veut pas parler _____ amis _____ enfants.
11. Tu attends _____ Luc à côté _____ supermarché?
12. Je demande _____ élèves s'ils montrent leurs devoirs _____ M.Ver.
13. Dans la salle à manger, on trouve _____ jouets _____ enfants.
14. Je parle _____ soeur et _____ frère _____ Jeanne.
15. Je vais _____ marché et cherche _____ étals _____ M. Martin.

GEHIRNKNÖPFE

Schon ein wenig müde vom letzten Kapitel?

Da wollen wir mal deine Gehirntätigkeit wieder auf Vordermann/frau bringen. Man könnte auch aktivieren dazu sagen:
Du berührst mit zwei Fingern der linken Hand den Nabel. Den Daumen der anderen Hand legst du in das rechte Grübchen unterhalb deines Schlüsselbeins. Mit Zeige- und Mittelfinger berührst du das linke Grübchen. Nun massierst du mit leichtem Druck alle drei Stellen gleichzeitig. Nach etwa einer Minute wechselst du die Hände. Nun reiben die Finger der rechten Hand den Nabel, die linke Hand befindet sich beim Schlüsselbein.

Dauer der Übung: 2 Minuten

3. DURCHSTART-ÜBUNG!

DER UNBESTIMMTE ARTIKEL – L'ARTICLE INDEFINI

Hier bestehen ebenfalls Unterschiede zum Deutschen.

Einzahl		Mehrzahl
männlich	weiblich	männlich und weiblich
un (ein)	**une** (eine)	**des** (ohne Übersetzung)

Des wird (fast) immer dort eingesetzt, wo bei euch nichts ist!

Ihr kauft Blumen, aber *nous achetons **des** fleurs*
Ihr schaut Photos an, aber *nous regardons **des** photos.*
Ihr habt Kaffeehäuser, aber *nous avons **des** cafés.*

Fast könnte man sagen: Im Französischen geht nichts ohne Artikel!

Doch ohne Artikel:

demander pardon	–	um Entschuldigung bitten
perdre patience	–	die Geduld verlieren
faire attention	–	Acht geben
faire plaisir	–	Vergnügen machen
avoir peur	–	Angst haben
avoir faim	–	Hunger haben
avoir soif	–	Durst haben
avoir envie	–	Lust haben
faire peur	–	Angst machen

WENN DAS NICHT UNTERSCHIED GENUG IST!!

Die **Verwendung** entspricht im Wesentlichen der Verwendung im Deutschen – wenn man eben davon absieht, dass in der (unbestimmten) Mehrzahl *des* gesetzt werden muss.

Ich kaufe **eine** Banane. *J'achète **une** banane.*
Ich kaufe **ein** Buch. *J'achète **un** livre.*
Ich kaufe **...** Bücher. *J'achète **des** livres.*

Der unbestimmte Artikel – L'article indéfini			
Einzahl	männlich **UN** weiblich **UNE**	Mehrzahl	männlich weiblich **DES**

Des wird bei unbestimmter Mehrzahl verwendet! Im Deutschen steht dort nichts: *Nous achetons des fleurs*. Wir kaufen Blumen.

> Nach *aimer* steht der bestimmte Artikel!
> Ihr liebt Kaffeehäuser → *vous aimez **les** cafés*
> Du magst Kaffee → *tu aimes **le** café*
> Er mag Limonade → *il aime **la** limonade*

Übersetze.

1. Wir gehen auf *(sur un)* einen Markt und kaufen Früchte.
2. Wir nehmen Birnen und Marillen.
3. Wollen Sie auch Bananen?
4. Die Bananen gefallen den Kindern nicht. *(plaire à)*
5. Geben Sie dem Kind einen Apfel!
6. Wir essen oft Äpfel.
7. Am Abend zeigen wir Freunden den Blumenmarkt. *(le marché aux fleurs)*
8. Sie lieben Blumenmärkte.
9. Sie kaufen Blumen für die Töchter.
10. Haben Sie Töchter?

Fehlt da was oder nicht?

1. A Paris, j'aime **les** cafés et j'y bois toujours _____ café crème.

2. Le week-end, on écoute _____ disques chez mon amie Mimi.

3. Ça nous fait _____ plaisir et quand on a _____ faim, on va dans _____ petit restaurant de son oncle qui a _____ poissons extra.

4. On regarde aussi souvent _____ albums avec _____ photos _____ voyages que nous avons faits ensemble.

5. Vous avez _____ soif? Vous voulez prendre _____ verre de coca?

6. Non, je préfère boire _____ tasse de thé. J'aime _____ thé.

7. Finver rencontre _____ amie qui arrive avec _____ danseuses chinoises.

Elles vont rester _____ semaine à Cannes.

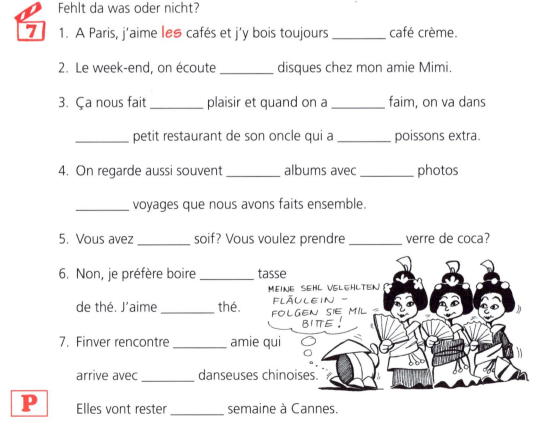

DER TEILUNGSARTIKEL – L'ARTICLE PARTITIF

Toi: Au weia, ist das das, wo ich mich nicht auskenne?

M. Ver: Warum sagst du von vornherein, dass du das nicht verstehst?
Damit nimmst du dir ja die Chance, es zu verstehen, denn es geschieht in deinem Leben das, was du denkst!
Sag nicht: „Ich verstehe das nie!" oder „Ich kann das ohnehin nicht!"
Du musst alles zuerst ausprobieren, verstehen und können wollen – und daran glauben, dass du es schaffst! Dann schaffst du es auch!

In diesem Sinne: **der Teilungsartikel**

Nimm den Satz:	Finver kauft	Blumen.
Er heißt bei uns:	*Finver achète*	***des*** *fleurs.*

Du weißt, dass das Wort *des* aus *de + les* zusammengesetzt ist
und dass *de* in seiner Grundbedeutung **von** heißt.

Du könntest den Satz:
Finver achète des fleurs mit
„Finver kauft **von den** Blumen"
übersetzen.

Es gibt unzählig viele Blumen auf der Welt,
Finver kann aber immer nur
einen Teil der Blumen
kaufen.

Jetzt stell dir Finver vor, der im Supermarkt Einkäufe macht:

Er kauft Milch. Die ganze Milch der Welt? Nein, einen Teil davon!

Er kauft (von der) Milch.	*Il achète*	***du***	*lait. (de + le!)*
Er kauft (von der) Marmelade.	*Il achète*	***de la***	*confiture.*
Er kauft (von dem) Wasser.	*Il achète*	***de l'***	*eau.*

Tja, das war er auch schon, der Teilungsartikel!

☆ Er wird verwendet, wenn man eine **unbestimmte Menge von nicht zählbaren Dingen** ausdrücken will. (Milch, Geld)
Bei zählbaren Dingen (eine Banane, ein Buch etc.) setzt man natürlich den unbestimmten Artikel. *(une banane, un livre)*

☆ Auch **bei abstrakten Begriffen** (Liebe, Vergnügen) wird er verwendet!

Finver cherche toujours	**de l'**amour et	**du** plaisir!
Finver sucht immer (ein Stück von der)	Liebe und (von dem)	Vergnügen.

☆ Und schließlich wird er in einigen Wendungen eingesetzt, die **Aktivitäten** beschreiben: („faire de")
„Ich betreibe Sport" heißt bei uns *"Je fais **du** sport"*.

Finver beispielsweise ist in seiner Freizeit sehr vielseitig
(auch wenn er nicht so aussieht . . .):
*Il fait **de l'**anglais* (er lernt Englisch), *il fait **de la** musique,
il fait **de l'**informatique, il fait **de l'**équitation,* . . .

Im Deutschen steht in all diesen Fällen kein Artikel weit und breit!
(Die Wendungen mit *faire* übersetzt man ohnehin nicht wörtlich!)
Die „Übersetzungen" der ersten beiden Verwendungsmöglichkeiten („von der Milch", „von der Liebe") werden natürlich nicht verwendet! Sie sollten dir nur das Verstehen leichter machen!

Finver: Was ist, wenn ich Lust auf „einen Kaffee" habe? Wenn ich im Café: *"Monsieur, un café!"* rufe, bringt mir der Kellner doch „einen Kaffee"!

M. Ver: Ja, er bringt dir **eine** kleine **Tasse** mit schwarzem Kaffee, weil er weiß, dass du genau das haben willst!
Auch als du gestern behauptetest, „nur ein Bier" getrunken zu haben, meintest du eigentlich ein **Glas** Bier und nicht den „Stoff" Bier!
Bist du aber bei Mimi eingeladen, und sie bietet dir Kaffee, Tee oder Orangensaft an, wird sie sagen:

Finver, tu prends du café, du thé ou du jus d'orange?

Im ersten Fall denkt man bei *un café* also an **eine Tasse** schwarzen Kaffee, im zweiten Fall meint man **Kaffee**, **Tee** oder **Saft ganz allgemein**.

TIPP | Dort, **wo im Deutschen kein Artikel steht oder stehen dürfte** (denn auch hier höre ich manchmal Sätze wie „Gib mir ein Geld!" oder „Ich kauf eine Milch!"), **steht im Französischen der Teilungsartikel!**

TIPP Und wenn du dir nicht sicher bist, dann nimm einfach eine Mengenangabe dazu! Sie erspart dir nicht nur, das Geschlecht des Wortes zu wissen, sondern auch die Frage, ob nun ein Teilungsartikel kommt oder nicht, denn **nach Mengenangaben steht nur *de*!**

So trinkt Finver z. B.	eine Tasse Kaffee	*une tasse de*	*café*
	ein Glas Limonade	*un verre de*	*limonade*
	einen Liter Milch	*un litre de*	*lait*
	eine Flasche Wein	*une bouteille de*	*vin*
Er isst	ein Paket Nüsse	*un paquet de*	*noix*
	eine Scheibe Brot	*une tranche de*	*pain*
	ein Kilo Marmelade	*un kilo de*	*confiture*
	100 g Schinken	*cent grammes de*	*jambon*

Und dann ist ihm schlecht ...

Aber nicht nur so konkrete Mengenangaben gibt es. Er trinkt auch

viel Bier	*beaucoup de*	*bière*
wenig Wein	*peu de*	*vin*
genug Wasser	*assez d'*	*eau*
zu viel Pastis	*trop de*	*pastis*
zu wenig Milch	*trop peu de*	*lait*
ein wenig Cassis	*un peu de*	*cassis*

☆ Als Mengenangabe gilt auch die Frage nach dem **„Wie viel"**!
Wie viel Bier trinkt er? **Combien de** bière est-ce qu'il boit?

☆ Und es gibt auch die **„Nullmenge"**,
also „kein(e)"!

Ich trinke kein/nie Bier (mehr)
Je **ne** bois **pas/jamais/plus de** biere.

Im 3. Abschnitt des Kapitels „Verneinung" (Seite 134)
erfährst du zum Thema „kein" noch mehr!

Der Teilungsartikel – *L'article partitif*		
Einzahl männlich	**du**	
Einzahl weiblich	**de la**	
Nomen beginnt mit Vokal	**de l'**	
Verwendung		
Er steht, wenn man eine **unbestimmte Menge von nicht zählbaren Dingen** ausdrücken will. Auch **bei abstrakten Begriffen** und **in manchen Wendungen** wird er verwendet.		
J'achète (Ich kaufe	**du** lait, Milch,	**de la** confiture, Marmelade,	**de l'**eau. Wasser.)
Je cherche (Ich suche	**du** plaisir, Vergnügen,	**de la** joie, Freude,	**de l'**amour. Liebe.)
Je fais (Ich betreibe	**du** sport, Sport,	**de la** voile, segle,	**de l'**équitation. reite.)
Mengenangaben verlangen nur *de*		
une tasse de *un litre de* *une tranche de*	*café* *lait* *pain*	*un verre de* *un paquet de* *un kilo de*	*limonade* *noix* *confiture*
beaucoup de *assez d'* *trop peu de*	*bière* *eau* *lait*	*peu de* *trop de* *un peu de*	*vin* *pastis* *cassis*
combien de *ne . . . pas de*	*lait* (wie viel Milch) *lait* (keine Milch)		

Finver est au régime (Er macht eine Abmagerungskur).

1. Alors, il peut manger **du** poulet et _____ salade.
2. Il peut manger _____ tomates et aussi _____ melons.
3. Il mange aussi beaucoup _____ fruits.
4. Mais il n'aime pas _____ pommes.
5. Il aime _____ petits pois

    et _____ carottes.
6. Il ne mange pas _____ gâteau,

    mais un peu _____ chocolat.
7. Il ne boit pas _____ coca,

    mais souvent un verre _____ jus de fruits.
8. Comme viande, il mange _____ boeuf.
9. Le soir, il mange _____ pain avec _____ fromage.
10. Il boit _____ café, un peu _____ vin, beaucoup _____ eau.

Übersetze.

1. Beim Bäcker nimmt Finver Brot, Kuchen und ein Kilo Kekse.
2. Wollen Sie ein wenig Honig *(le miel)* oder nehmen Sie Zucker?
3. Hast du noch Arbeit? Ich habe noch viel Arbeit!
4. Er hat Glück!
5. Wir wohnen in der Nähe (nahe bei) der Brücke. *(le pont)*
6. Meine Freundin wohnt gegenüber der Schule.
7. Das sind Farben, die dem Vater gut gefallen.
8. Wenn Sie zum Markt gehen wollen, müssen Sie die Straße rechts von der Kirche nehmen.
9. Im Sommer segeln wir, oder wir gehen windsurfen.
10. Willst du am Wochenende mit uns in Menton campieren?

Setze in der Frage die fehlende Form ein und beantworte sie, indem du eine passende Mengenangabe verwendest. Jede kommt einmal vor.

une tasse, un verre, un morceau (Stück), une carafe, un bol, une assiette, une bouteille, un pot, 100 grammes, beaucoup, trop, un peu, ne ... pas, ne ... jamais, ne ... plus

1. Vouz prenez **du** café? Oui, **je prends une tasse de café.**
2. Vous avez encore ... jus d'oranges? Oui, nous ...
3. Ta mère prend ... sucre? Oui, elle ...
4. J'apporte ... eau minérale? Oui, apportez ...
5. Vous voulez ... chocolat chaud? Oui, nous ...
6. Elle a mangé ... frites? Oui, elle ...
7. Tu as encore ... confiture? Oui, j'ai ...
8. Vous buvez ... pastis? Non, je ...
9. Vous aimez ... pain? Oui, je prends ...
10. Finver boit ... alcool? Oui, il ...
11. Vous aimez ... desserts? Oui, j'en mange même ...
12. Vous prenez ... vin? Oui, je ...
13. Vous avez ... cerises? Non, je ...
14. Combien ... jambon prenez-vous? Je ...
15. Vous voulez ... cigarette? Non, je ...

Finver sollte eine Übung abschreiben, warf aber sein Tintenfass um! Kannst du ihm helfen, den Text wieder vollständig zu machen? (Ein paar Wörter weiß ich noch! Ich schreib sie dir an den Rand!)

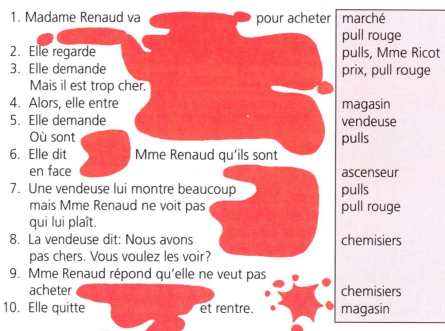

1. Madame Renaud va   pour acheter — marché / pull rouge
2. Elle regarde — pulls, Mme Ricot
3. Elle demande — prix, pull rouge
   Mais il est trop cher.
4. Alors, elle entre — magasin
5. Elle demande — vendeuse
   Où sont — pulls
6. Elle dit   Mme Renaud qu'ils sont
   en face — ascenseur
7. Une vendeuse lui montre beaucoup — pulls
   mais Mme Renaud ne voit pas — pull rouge
   qui lui plaît.
8. La vendeuse dit: Nous avons — chemisiers
   pas chers. Vous voulez les voir?
9. Mme Renaud répond qu'elle ne veut pas
   acheter — chemisiers
10. Elle quitte   et rentre. — magasin

Nun eine Einsetzübung, diesmal für Fortgeschrittene . . .

Nous passons **les** vacances au bord _____ mer. Nous prenons l'avion _____ Paris _____ Tanger. Un animateur _____ club où nous allons passer quinze jours s'occupe _____ formalités et nous mène _____ car qui nous attend devant _____ aéroport.

_____ demi-heure après, nous arrivons _____ club et on nous montre _____ bungalow où nous avons _____ chambre avec _____ petit balcon qui donne sur _____ mer. Après deux jours, nous avons déjà _____ amis qui viennent _____ beaucoup _____ pays différents. Chaque jour, on nous offre _____ activités diverses et _____ jeux. Moi, j'aime faire _____ voile et _____ natation. Nous faisons aussi _____ excursions pour visiter _____ région. Mais _____ soirées, nous les passons _____ club.

Comme _____ buffets _____ soir sont très bons nous mangeons toujours trop et je bois souvent un peu trop _____ alcool. Mon amie, elle, elle aime surtout _____ salades et _____ fruits, mais elle ne mange pas _____ viande. Et elle prend beaucoup _____ desserts! Alors nous passons _____ vacances très agréables dans _____ atmosphère très sympa.

Beantworte die folgenden Kontrollfragen und vergleiche deine Antworten mit deinen Karteikarten:

1. Was steht nach Mengenangaben?
2. Wann verwendet man den Teilungsartikel?
3. Wie heißen seine Formen?
4. Woher kommen die Formen *au* und *aux*?
5. Welche „Ergänzungen" verlangen *demander, aider* und *attendre*?
6. Nenne einige Vorwörter, die *de* verlangen!
7. Wann verwendet man *des*?
8. Ist die Verneinung *ne . . . pas* auch eine Mengenangabe?
9. Was heißt: „Wir mögen Kaffeehäuser"?
10. Was steht nach *combien*?

EXERCICE DU CHEF

Vor dir siehst du einen Text, bei dem du selbst herausfinden musst, wo was fehlt! Viel Erfolg!

> *C'est bientôt la rentrée.*
> *Aujourd'hui, Sandrine et Sophie veulent faire achats supermarché. Cela ne fait pas plaisir parents parce qu'elles dépensent beaucoup argent. Chaque année, c'est même chose: elles achètent cahiers, stylos et beaucoup autres choses.*
> *Et elles demandent parents si elles peuvent acheter aussi vêtements.*
> *Sophie a assez jupes et veut acheter pantalon et sweat-shirts.*
> *Sandrine cherche jupe mais elle ne trouve pas jupes qui lui plaisent. Alors, elle choisit robe et chemisier.*
> *Cette année, elles vont manger cantine. Leurs parents travaillent, donc elles ne peuvent pas revenir maison. Mais ça ne leur fait rien de manger école. Elles y ont beaucoup amis. Et élèves disent qu'on mange bien collège.*
> *C'est aussi avis professeurs. Ils mangent avec élèves qui aiment parler professeurs en dehors cours.*
> *Cet après-midi, filles vont téléphoner Brigitte. Soir, elles veulent aller cinéma, mais avant, elles font natation piscine parce qu'il fait très chaud.*

AUSWERTUNG:

Das war nicht leicht, oder? Wenn du weniger als 5 Fehler hast, bist du aber schon ganz toll! Lass dir gratulieren!
Bei mehr Fehlern solltest du herausfinden, warum du sie gemacht hast! Hast du das Geschlecht der Nomen verwechselt? Hast du auf den unbestimmten Mehrzahl-Artikel vergessen? Hast du statt eines unbestimmten einen bestimmten Artikel gesetzt? Hast du auf das *de* nach einer Mengenangabe vergessen?

Du siehst, es gibt zahlreiche Fehlerquellen! Mach dir eine Liste und schreib genau auf, welcher Fehler aus welcher Quelle kommt. Wenn eine Quelle häufiger auftritt, wiederhole diesen Teil des Kapitels!

DENKMÜTZE

Hast du Schwierigkeiten, in der Schule gut hinzuhören und alles zu verstehen?

Die Denkmütze ist besonders vor Unterrichtsbeginn nützlich: Entfalte sanft deine Ohren. Beginne oben und massiere am Ohrrand entlang nach unten. Ziehe sanft an den Ohrläppchen. Wiederhole diese Bewegung von oben nach unten 10-mal. Wenn du gähnen musst, öffne dabei bitte den Mund so weit du kannst.

Dauer der Übung: 10-mal

III. DIE FÜRWÖRTER – DIE PRONOMEN – LES PRONOMS

In diesem Kapitel lernst du die „Fürwörter" näher kennen.

☆ Zunächst besprechen wir jene Fürwörter, die tatsächlich „für ein Hauptwort" stehen: Es sind dies die **persönlichen Fürwörter**.
Als **unbetonte Pronomen** können sie nicht nur Subjekt eines Satzes sein, sondern auch Objekt. Dann nennt man sie **Objektvertreter**.
Diese Pronomen können sowohl direkte Objekte als auch indirekte Objekte vertreten.
Weiters lernst du die **betonten Pronomen** kennen.

☆ Du erfährst etwas über die Objektpronomen *y* und *en*.

☆ Danach geht es um Pronomen, die sich auf ein Wort (oft ein vorangehendes Hauptwort) beziehen – die **bezüglichen Fürwörter**.
Du erfährst im ersten Lernjahr aber nur etwas über *qui* und *que*.

☆ Im Anschluss daran biete ich dir eine zusammenfassende Antwort auf die Frage, wann im *passé composé* das **participe passé** übereingestimmt werden muss.
Diese Frage gehört zwar prinzipiell zum Kapitel „Verben", kann aber erst hier ausführlich beantwortet werden.

☆ Nun dreht sich alles um das Besitzen und um die Besitzer und darum, wodurch man jemandem klarmacht, wem was gehört.
Das schaffen die **besitzanzeigenden Fürwörter**.

DIE PERSÖNLICHEN FÜRWÖRTER
– LES PRONOMS PERSONNELS

ALS SUBJEKT (ICH, DU, ER, SIE, ES, WIR, IHR, SIE)

M. Ver: Hör auf! Was soll denn das?

Finver: Ich zähle die persönlichen Fürwörter auf!
Messieurs Dames, voici les pronoms personnels!

M. Ver: Ich glaube wirklich, dass sie es wert sind, kurz besprochen zu werden!

Finver: Aber bitte kuuuuurz! *Pitiéééééé!*

M. Ver: Die Formen kennst du schon, sie machen sicher keine Probleme!
Erwähnenswert ist aber, dass das **Anredefürwort „Sie"** *"vous"* heißt.
Während die passende Personalform bei euch der **3. Person Mehrzahl**
entspricht, verwendet man bei uns die Formen der **2. Person Mehrzahl**!

| Was | machen | **Sie**? | Qu'est-ce que | ***vous*** | *faites?* |
| Wohin | gehen | **Sie**? | Où est-ce que | ***vous*** | *allez?* |

Außerdem gibt es noch einen Unterschied zum Deutschen.
Bei euch können diese Pronomen mutterseelenallein in der Gegend herumstehen. Frage ich zum Beispiel, wer die Hausaufgaben vergessen hat, kann der Betreffende antworten: „Ich!"
Stelle ich die Frage jedoch in einer meiner Klassen, darf derjenige nicht *je!* sagen, sondern muss *moi!* rufen!
Das heißt, dass die **unbetonten persönlichen Fürwörter** im Französischen **nur in Verbindung mit einem Zeitwort** (genauer gesagt: **mit der dazugehörigen Personalform**) verwendet werden dürfen.

Über die Formen, die auch allein stehen können, erfährst du etwas, wenn du dich in den Abschnitt „Die betonten persönlichen Fürwörter" (Seite 87) vertiefst.
Übrigens: Du beendest hiermit den ersten und einzigen Abschnitt dieses Buches, in dem es **keine Übungen** gibt!

WARNUNG DES WURMMINISTERS
Das folgende Kapitel erfordert deine vollständige Konzentration! Erarbeite es daher nicht in übermüdetem oder unlustvollem Zustand! Es könnte diesen noch verschlechtern.

ALS OBJEKT (MICH, DICH, IHN, SIE, ES, UNS, EUCH, SIE; MIR, DIR, IHM, IHR, UNS, EUCH, IHNEN)

ALLGEMEINES

Ach ja, die Liebe . . .

In wie vielen Sprachen kannst du *Ich liebe dich* sagen?
Ich kann es deutsch natürlich, englisch heißt es *I love you*, holländisch *Ik hou van jou*, italienisch *Ti amo*,

die Römer sagten *Amo te*,
die feurigen Spanier rufen *Te quiero*,
die Polen hauchen: *Ja kocham Cię*,
und bei uns heißt es **JE T'AIME**!

Mit diesem *je t'aime* (wörtlich: „Ich dich liebe") hast du auch schon ein berühmtes Beispiel für die **persönlichen Fürwörter, die ein Objekt vertreten**.
Sie heißen auf Französisch *les pronoms personnels compléments d'objet*. Da dieser Name aber zu kompliziert ist, werde ich sie in Zukunft **Objektvertreter** nennen.

Ach, dieser Finver!
Ein „Objektvertreter" ist natürlich kein „Vertreter", der Objekte verkauft, sondern ein Fürwort (ein Pronomen), das anstelle eines Hauptwortes eine Ergänzung (ein Objekt) darstellt.

Hier bespreche ich das, was im Deutschen **Ergänzungen im 4. Fall** (Akkusativobjekte) und **Ergänzungen im 3. Fall** (Dativobjekte) sind. Im Französischen heißen diese Objekte anders und sind keine „Fälle":

Ergänzung im 3. Fall (vergleichbar mit) → *objet indirect*
Ergänzung im 4. Fall (vergleichbar mit) → *objet direct*

Wenn du nicht weißt, was ein direktes und indirektes Objekt ist, blättere auf Seite 51!

Hier geht es nun um die **Vertreter dieser Objekte**, und da dieses Kapitel gar nicht so kompliziert ist, wie alle glauben, stelle ich dir die Objektvertreter beider Objekte gleichzeitig vor:

FORMEN

	Subjekt		Direktes Objekt		Indirektes Objekt	
Einzahl	*je*	(ich)	*me*	(mich)	*me*	(mir)
	tu	(du)	*te*	(dich)	*te*	(dir)
	il	(er)	*le*	(ihn)	*lui*	(ihm)
	elle	(sie)	*la*	(sie)	*lui*	(ihr)
Mehrzahl	*nous*	(wir)	*nous*	(uns)	*nous*	(uns)
	vous	(ihr)	*vous*	(euch)	*vous*	(euch)
	vous	(Sie)	*vous*	(Sie)	*vous*	(Ihnen)
	ils	(sie)	*les*	(sie)	*leur*	(ihnen)
	elles	(sie)	*les*	(sie)	*leur*	(ihnen)

Die Objektvertreter des *Objet indirect* betreffen nur Personen!
Wenn **Dinge** vertreten werden sollen, musst du ein anderes Pronomen verwenden, nämlich „*y*" (siehe Seite 93).

Wenn du dir im Deutschen nicht klar bist, um welchen Fall es sich beim Pronomen handelt bzw. wie das Pronomen heißen soll, versuche es immer mit folgenden Sätzen:

Ich liebe + 4. Fall = mich, dich, ihn, sie;
uns, euch, **S**ie, sie

Ich gebe + 3. Fall + eine Ohrfeige =
mir, dir, ihm, ihr;
uns, euch, **I**hnen, ihnen

Merkst du, wo es Probleme geben wird, wenn du versuchst, einen Satz mit Pronomen vom Deutschen ins Französische zu übertragen?
Es gibt vier verschiedene Formen für „sie/Sie" *(la, vous, les, les)* – mit den Subjekten sogar acht: *elle, ils, elles, vous* – und drei für „ihnen/Ihnen"...
Aber wenn du weißt, von wem gerade die Rede ist, wirst du die Pronomen auseinander halten können!

TIPP Vielleicht findest du irgendein Hilfsmittel, sie dir leichter zu merken:
Du könntest sie als **Nonsensgedicht** lernen

> mete**lela**
> nousvous**les**
> mete**lui**
> nousvous**leur**

oder sie auf ein **Lernplakat** schreiben.
Wie wär's mit einer Sprechblase,
die du aus dem Mund deines
Lieblingssängers kommen lässt?

Sehen wir uns nun noch einmal unser berühmtestes Beispiel an:
Je t'aime
Hier findest du zwei weitere Regeln, die du beachten musst, willst du die Pronomen richtig verwenden:

STELLUNG

☆ Das Pronomen steht **vor** der Personalform. (Ausnahmen Seite 80)

Ich liebe **dich**	=	Je	**t'**	aime	
Ich gebe **dir** mein Herz	=	Je	**te**	donne	mon coeur
Ich habe **dich** gesehen	=	Je	**t'**	ai	vu(e)
Ich habe **dir** mein Herz gegeben	=	Je	**t'**	ai	donné mon coeur

 Was ist eine Personalform?
Das ist jene Form, die sich je nach **Person**, **Zahl** und **Zeit** ändert!
Du wirst in den verschiedensten Regeln auf sie stoßen!

☆ „Wegfallregel"
Folgt den Pronomen **me**, **te**, **le** oder **la** ein Verb, das mit einem Vokal beginnt, so fällt des **e** bzw das **a** weg.
 Pierre **m'**aime.
 Pierre **t'**aime.
 Pierre **l'**aime. (= Pierre l(e) aime
  oder Pierre l(a) aime!)

Objektvertreter – Formen

	Subjekt		Direktes Objekt		Indirektes Objekt	
Einzahl	je	(ich)	**me**	(mich)	**me**	(mir)
	tu	(du)	**te**	(dich)	**te**	(dir)
	il	(er)	**le**	(ihn)	**lui**	(ihm)
	elle	(sie)	**la**	(sie)	**lui**	(ihr)
Mehrzahl	nous	(wir)	**nous**	(uns)	**nous**	(uns)
	vous	(ihr)	**vous**	(euch)	**vous**	(euch)
	vous	(Sie)	**vous**	(Sie)	**vous**	(Ihnen)
	ils	(sie)	**les**	(sie)	**leur**	(ihnen)
	elles	(sie)	**les**	(sie)	**leur**	(ihnen)

Regel 1: Die Objektvertreter stehen normalerweise **vor** der Personalform!

Je	le	vois.		Ich sehe ihn.
Je	l'	ai	vu.	Ich habe ihn gesehen.
Je	lui	donne	mon coeur.	Ich gebe ihm/ihr mein Herz.
Je	lui	ai	donné mon coeur.	Ich habe ihm/ihr mein Herz gegeben.

Regel 2: Wenn ein Verb folgt, das mit einem Vokal beginnt, fallen das e und das a von me, te, le, la weg: Il m'aime, je t'aime, je l'aime (ich liebe sie, ich liebe ihn).

Leider verlangen, wie du weißt, manche Verben im Französischen andere Ergänzungen als im Deutschen. Da es sehr gebräuchliche sind, schreib sie dir gleich dazu:

Objektvertreter – besondere Verben

demander + *objet indirect*:
Je demande <u>à ma mère</u> ... Je **lui** demande. (Ich frage sie)
Je demande <u>aux parents</u>... Je **leur** demande. (Ich frage sie)

téléphoner + *objet indirect*:
Je téléphone <u>à mon père</u> ... Je **lui** téléphone. (Ich rufe ihn an)
Je téléphone <u>aux parents</u> ... Je **leur** téléphone. (Ich rufe sie an)

parler + *objet indirect*:
Je parle <u>à ma mère</u> ... Je **lui** parle. (Ich spreche mit/zu ihr)
Je parle <u>aux parents</u> ... Je **leur** parle. (Ich spreche mit/zu ihnen)

aider + *objet direct*:
J'aide <u>ma mère</u> ... Je **l'**aide. (Ich helfe ihr)
J'aide <u>mes parents</u> ... Je **les** aide. (Ich helfe ihnen)

attendre + *objet direct*:
J'attends <u>ma mère</u> ... Je **l'**attends. (Ich warte auf sie)
J'attends <u>mes parents</u> ... Je **les** attends. (Ich warte auf sie)

Ich biete dir zu diesen Fällen viele Übungssätze an, weil ich weiß, dass die Pronomen für manche lange ein Problem darstellen. Ich glaube aber, dass es nur ihr „Ruf" ist, der sie so „schwierig" macht, denn wenn du die Formen kennst und weißt, wer was vertritt, kann gar nichts passieren!

Alle Übungssätze stehen in der Gegenwart / im *présent*

Beantworte die Fragen und ersetze dabei das unterstrichene Objekt durch ein Pronomen.

1. Tu regardes les photos? **Oui, je les regarde.**
2. Tu nous montres les photos? **Oui, je vous montre les photos.**
3. Vous montrez les photos à Pierre? Oui, nous . . .
4. Vous donnez le cadeau à Brigitte? Oui, nous . . .
5. Vous donnez le cadeau à Brigitte? Oui, nous . . .
6. Tu lis souvent les journaux? Oui, je . . .
7. Tu aimes "LE MONDE"? Oui, je . . .
8. Vous écrivez à vos parents? Oui, nous . . .
9. Tu connais les romans de Simenon? Oui, je . . .
10. Qu'est-ce que tu fais? Tu apprends ton français? Oui, je . . .
11. Tu téléphones à Paul aujourd'hui? Oui, je . . .
12. Tu demandes à tes amis de t'accompagner? Oui, je . . .
13. Tu parles de tes problèmes à ton amie? Oui, je . . .
14. Vous attendez vos amis? Oui, nous . . .

Ersetze die unterstrichenen Objekte durch Pronomen! Die ersetzten Nomen dürfen in der Lösung nicht mehr auftauchen!

1. Je regarde la photo. **Je la regarde.**
2. Nous donnons la photo à sa mère. **Nous lui donnons la photo.**
3. Elle demande à son fils qui a fait la photo.
4. Il montre ses photos à ses parents.
5. Il montre ses photos à ses parents.
6. Aujourd'hui, nous présentons notre amie aux professeurs.
7. Aujourd'hui, nous présentons notre amie aux professeurs.

Weiter geht's nach der Pause.

8. Ils interviewent <u>notre amie</u>.
9. Après, nous mangeons <u>notre dîner</u>.
10. Nous offrons <u>le dessert</u> à Pierre.
11. Nous offrons le dessert <u>à Pierre</u>.
12. Nous aimons <u>notre prof</u>.
13. Le matin, nous montrons nos devoirs <u>au prof</u>.
14. Le matin, nous montrons <u>nos devoirs</u> au prof.
15. Puis, il lit souvent une histoire <u>à ses élèves</u>.

Füge in die Sätze das (in Klammer auf Deutsch stehende) Pronomen ein.

1. Pierre donne un cadeau. (mir) **Pierre me donne un cadeau.**
2. J'embrasse. (ihn)
3. Il demande si le cadeau plaît. (mich; mir)
4. Je dis que oui. (ihm)
5. Ce soir, je vais au cinéma avec mes amies. J'achète les places. (ihnen)
6. Je demande quand elles vont arriver. (sie – Eve und Sylvie)
7. Elles disent qu'elles restent chez Madame Dupin l'après-midi parce qu'elles aident au jardin. (ihr)
8. Elles aiment bien. (sie – Mme Dupin)
9. Elle attend toujours en voiture devant l'école („auf sie") et elle invite souvent au restaurant. (sie)
10. Le jeune homme demande (sie – die Frau) si elle téléphone le soir. (ihn)

Übersetze.

1. Soll ich Ihnen helfen? (= Helfe ich Ihnen?) Ich sehe Sie oft hier.
2. Ich habe ein Geschenk für Paul. Siehst du ihn heute?
3. Gibst du ihm das Geschenk? Gibst du es Paul?
4. Er ruft mich an und sagt mir, dass er dich liebt!
5. Zeigst du ihr die Schule?
6. Wir bieten ihnen (= den Kindern) Kekse an.
7. Er will ein Haus verkaufen. Er zeigt es einem Kunden.
8. Da sind meine Eltern! Wir warten seit einer Stunde auf sie.
9. Er zeigt ihnen das Haus. Sie kaufen es.
10. Er fragt uns, ob das Haus uns auch gefällt.

EXERCICE DU CHEF

Übersetze.

1. Er liebt sie. (= seine Frau)
2. Er liebt sie. (= seine Schüler)
3. Er liebt Sie! (Sie, Mme Dupin!)
4. Er gibt Ihnen (Mme Dupin) seinen Schlüssel.
5. Er fragt sie (= die Schüler), wohin sie gehen.
6. Er fragt Sie, ob sie (= die Schüler) ins Kino gehen.
7. Er fragt sie (= die Schüler), ob sie ins Kino gehen.
8. Er fragt sie (= seine Frau), ob Sie sie (= die Frau) oft anrufen.
9. Er fragt sie (= die Schüler), ob sie Sie mögen.
10. Sie (= die Schüler) fragen sie (die Frau), wann Sie (Herr Professor) ankommen.
11. Sie gibt ihnen (= den Schülern) eine Aufgabe.
12. Sie gibt sie (= die Aufgabe) den Schülern.
13. Sie zeigt Ihnen, wo sie arbeitet.
14. Sie ruft sie (= die Freundin) an.
15. Sie ruft sie (= die Eltern) an.
16. Wann ruft sie Sie an?
17. Sie warten auf sie. (= die Oma)
18. Sie warten auf Sie.
19. Sie warten auf sie. (= die Schüler)
20. Sie helfen Ihnen.

AUSWERTUNG:

Wenn du bei dieser Übung

0–3 Fehler hast, bist du schon fast unschlagbar!

4–6 Fehler hast, kämpfst du dich schon tapfer durch den Pronomen-Dschungel! Du musst aber noch ein bisschen mehr trainieren, um in jedem Fall zu überleben!

7 Fehler oder mehr hast, solltest du deine Karteikarten noch einmal genau studieren, du könntest dich im Dickicht noch leicht verirren!

OBJEKTVERTRETER IN SÄTZEN IN DER VERGANGENHEIT – IM *PASSE COMPOSE* (ABKÜRZUNG *P. C.*)

Finver: Warum besprichst du das, da ändert sich doch nichts an den Regeln!

M. Ver: Stimmt! Die Formen bleiben gleich, und auch die Stellung der Pronomen ist unverändert **vor** der **Personalform**.
Aber es kommt eine neue Regel dazu!

Finver: Nein, mir reicht's für heute. Und nimm **du** dieses Kapitel erst in Angriff, wenn du mit dem ersten Teil keinerlei Probleme mehr hast!

M. Ver: Ich zeig dir vorerst einmal an einem Beispiel, worum es geht:

*J' achète **trois roses**.*   (Ich kaufe **drei Rosen**.)
*Je **les** donne à Mimi.*   (Ich gebe **sie** Mimi.)

Nun setze ich die Sätze in die Vergangenheit, ins *p. c.*:

*J'   ai acheté   **trois roses**.*

*Je **les** ai donn**ées** à Mimi.*

Was ist hier passiert?
Roses ist ein weibliches Wort in der Mehrzahl *(la rose – les roses)*, das durch *les* ersetzt wird. Dieses *les* ist der Vertreter des *objet direct* und steht nun **vor** der **Personalform** *(ai)* und natürlich auch **vor** dem **Mittelwort der Vergangenheit**, dem *participe passé*.

Jetzt tritt **die neue Regel** in Kraft:

> **Steht der Vertreter eines *objet direct* vor dem Mittelwort der Vergangenheit, dem *participe passé*, muss das Mittelwort mit diesem Vertreter in Geschlecht und Zahl übereingestimmt werden.**

Es kommt zur **Übereinstimmung des Mittelwortes der Vergangenheit**, was auf Französisch ***accord du participe passé*** heißt.
Davon hast du ja schon im Kapitel über das *p. c.* gehört! Dort hast du bisher aber nur gelernt, dass bei Verben, die mit *être* abgewandelt werden, das Mittelwort übereingestimmt werden muss!

Ich zeige dir weitere Beispiele:

Hier ist Mimi. Ich habe sie erwartet.
*Voilà Mimi. Je **l'**ai attend**ue**.*
      l'** = la (= objet direct)*, weiblich, Einzahl → *p. p.* + ***e

Sie kommt mit ihren Eltern. Ich habe sie auch eingeladen.
*Elle arrive avec ses parents. Je **les** ai invité**s** aussi.*
   les = *objet direct*, männlich, Mehrzahl → *p. p.* + **s**

Sie zeigen mir die Photos von Paris. Sie haben sie im Juni gemacht.
*Ils me montrent les photos de Paris. Ils **les** ont pris**es** en juin.*
   les = *objet direct*, weiblich, Mehrzahl → *p. p.* + **es**

Objektvertreter		
Übereinstimmung des Mittelwortes = *Accord du participe passé*		
Stehen die Vertreter eines *objet direct* vor einem Mittelwort der Vergangenheit (einem *participe passé*), wird dieses in Geschlecht und Zahl mit dem Vertreter übereingestimmt.		
me, te	→ *p. p.* (+e)	männlich (oder weiblich)
la	→ *p. p.* +e	weiblich
nous, vous	→ *p. p.* +(e)s	Mehrzahl männlich (oder weiblich)
vous	→ *p. p* (+e),+(e)(s)	Anredefürwort! (alles möglich!)
les	→ *p. p.* +(e)s	Mehrzahl männlich (oder weiblich)
	<u>Achtung</u>: Endet das *p. p.* auf -*s* (z. B. *pris*), bleibt die männliche Mehrzahl unverändert!	

TIPP Beim Vokabellernen immer den Artikel mitlernen, damit du weißt, ob ein Wort weiblich oder männlich ist!

*Pierre **m'**a vu(**e**).*
*Je **t'**ai vu(**e**)*

*Ce film, Pierre **l'**a vu.*
*Cette photo, Pierre **l'**a vu**e**.*

*Pierre **nous** a vu(**e**)**s**.*
*Je **vous** ai vu(**e**)**s**.*
***Madame**, je **vous** ai vu**e**.*
*Ces films, Pierre **les** a vu**s**.*
*Ces photos, Pierre **les** a vu**es**.*

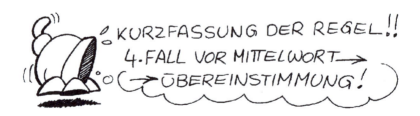

Eine **Zusammenfassung aller Regeln**, wann das *p. p.* übereingestimmt werden muss, findest du im Anschluss an das Kapitel „Bezügliche Fürwörter", Seite 109!

Beantworte die Fragen und ersetze dabei das unterstrichene Objekt durch ein Pronomen. Stimme das *p. p.*, wenn nötig, überein.

1. Vous avez acheté les cadeaux? **Oui, nous les avons achetés.**
2. Vous avez donné les cadeaux à vos amis? Oui, nous ...
3. Tu as déjà lu le dernier roman de Kundera? Oui, je ...
4. Tu as lu aussi les autres romans? Oui, je ...
5. Vous avez montré vos devoirs au prof? Oui, nous ...
6. Vous avez préparé le devoir? Oui, nous ...
7. Vous avez vu la copine du prof? Oui, nous ...
8. Vous avez aussi parlé à sa copine? Oui, nous ...
9. Tu as acheté les pommes au supermarché? Oui, je ...
10. Vous avez rencontré le docteur? Oui, nous ...
11. M. Molin a attrapé la grippe? Oui, il ...
12. Le docteur a donné des médicaments à M. Molin? Oui, il ...
13. M. Molin a pris ses médicaments? Oui, il ...
14. Il a pris sa température? Oui, il ...
15. Il a montré les médicaments à ses enfants? Oui, il ...

Setze die von dir übersetzten Pronomen an die richtige Stelle und stimme, wenn nötig, das *p. p.* überein.

1. Nous sommes allés au café avec Pierre et Paul.
   Nous avons invité. (sie) → **Nous les avons invités.**
2. Pierre a présenté son amie Yvonne. (uns)
   → **Il nous a présenté son amie Yvonne.**

Brigitte erzählt:

3. Mes parents ont écrit une lettre. J'ai reçu hier. (mir; ihn)
4. J'ai réservé une chambre à l'hôtel. (ihnen)
5. Puis j'ai appelé. (sie)
6. J'ai demandé à ma mère: Vos amis, vous avez invité aussi? (sie)
7. La chambre, j'ai réservé. (es)
8. M. Colin me dit: Claudia Schiffer est à Cannes. Vous avez déjà vu? (sie)
9. Et les autres mannequins, vous avez vu? (sie)
10. Puis il a donné sa photo. (mir)
11. Je suis allé chez Juliette et j'ai donné la photo. (ihr) Elle a embrassé. (mich)
12. J'ai vu hier à la plage avec Jean. (dich) Tu aimes? (ihn)
13. Elle a dit (mir): J'ai rencontré devant l'école (ihn) et nous sommes allés à la plage. C'est tout.

Übersetze.
Brigitte erzählt:

1. Ich habe ihm meine Schwestern vorgestellt. *(présenter q. à q.)*
2. Er hat uns Rosen geschenkt. *(offrir)*
3. Er hat sie bei Madame Flore gekauft.
4. Dann hat er uns zu einem Freund eingeladen.
5. Um 19 Uhr haben die Eltern uns angerufen und uns gesagt: Wir warten auf euch!
6. Wir haben euch schon bei Oma gesucht. *(chez mamie)*
7. Sie hat euch neue Hüte gekauft! *(de nouveaux chapeaux)*
8. Die Burschen haben uns zu Oma begleitet, und wir haben sie Oma vorgestellt. *(accompagner)*
9. Wir haben ihr Witze erzählt. *(des blagues)*
10. Dann hat sie uns umarmt. *(embrasser)*

STELLUNG DER OBJEKTVERTRETER BEI INFINITIVKONSTRUKTIONEN

Toi: *Je veux **te** voir . . .*
Widerspricht das nicht der Regel 1 (Seite 72), die sagt, dass das Pronomen vor der Personalform stehen muss? Die Personalform ist doch *veux*!

M. Ver: Gut beobachtet! Aber wir sind nun bei der 1. **Ausnahme dieser Regel 1**! Nach der Personalform *veux* folgt ja der Infinitiv *voir*, es handelt sich also um eine Infinitivkonstruktion.
Und bei (fast) allen steht der **Objektvertreter vor dem Infinitiv**!

Ich zeige dir die bekanntesten Beispiele:

Modalverben	vouloir	wollen	Je **veux te voir**.
	devoir	müssen, sollen	Je **dois te voir**!
	pouvoir	können	Je **peux te voir**?
	aller faire qch	etwas tun werden	Je **vais te voir**.
	aimer faire qch	etwas gerne tun	J'**aime te voir**.
	savoir faire qch	etwas tun können (wissen!)	Je **sais le parler**.
	il faut faire qch	man muss, es ist nötig, dass	Il **faut le faire**.

Objektvertreter – Stellung in Infinitivkonstruktionen

Bei Infinitivkonstruktionen (= Personalform + Infinitiv) steht der Objektvertreter **vor** dem **Infinitiv**!

Je	veux/peux/dois	te	voir.	Je	sais	le	faire.
Je	vais	te	voir.	Il	faut	le	faire.
J'	aime	te	voir.				

 Beantworte die Fragen und ersetze das unterstrichene Objekt durch seinen Vertreter.

1. Tu veux voir Yvonne? Oui, je **veux la voir.**

2. Tu vas acheter un cadeau à Yvonne? Oui, je ...
3. Tu dois parler à tes parents? Oui, je ...
4. Ils vont acheter la voiture? Oui, ils ...
5. Je peux prendre ta voiture? Oui, tu ...
6. Tu vas donner les clés aussi à ta soeur? Oui, je ...
7. Dis, Paul, tu veux voir les Dupont cet après-midi? Oui, je ...
8. Vous allez manger les biscuits de ta mère? Oui, nous ...
9. Tu vas offrir ce livre à ta copine? Oui, je ...

10. Tu vas offrir ce livre à ta copine? Oui, je ...

 Du beantwortest wieder die Fragen wie in Übung 8, es sind jedoch nun auch Sätze dabei, die keine Infinitivkonstruktionen beinhalten.

1. Vous avez acheté le cadeau aux parents? Oui, nous ...
2. Le cadeau va plaire à tes parents? Oui, il ...
3. Tu as acheté le cadeau chez Paul? Oui, je ...
4. Nous pouvons fêter son anniversaire chez lui? Oui, nous ...
5. Il va inviter les soeurs d'Yves aussi? Oui, il ...
6. Elles aiment Yves? Oui, elles ...
7. Tu connais son amie? Oui, je ...
8. Il faut faire les devoirs pour demain? Oui, il ...
9. Tu as déjà montré tes devoirs à M. Ver? Oui, je ...
10. Vous allez voir le prof demain? Oui, nous ...
11. Vous faites les devoirs tout de suite? Oui, nous ...
12. Jean, tu as déjà trouvé ton livre? Oui, je ...
13. Tu as donné le livre aux filles? Oui, je ...
14. Vous voulez terminer les exercices? Oui, nous ...
15. M. Ver sait parler le chinois? Oui, il ...

Suche ein passendes Pronomen und setze es an die richtige Stelle.
Pronomen zur Auswahl: *m', me, l', l', nous, nous, vous, vous, les, les, les, les, ~~lui~~, lui, ~~leur~~, leur*

1. Il va demander s'ils peuvent donner les clés de la voiture.
   Il va leur demander s'ils peuvent lui donner . . .
2. Les courses, je dois faire maintenant.
3. Ma mère a donné une liste.
4. Où est la liste? J'ai oubliée à la maison.
5. Les pommes, je vais acheter chez Mme Renaud.
6. Elle vend au marché le samedi.
7. J'aime bien parce qu'elle donne toujours une orange. (2!)
8. Christine et Marie donnent une fête. Elles vont inviter aussi?
9. Qu'est-ce qu'on va donner?
10. Bonjour, M. Levy. J'ai apporté une bouteille de vin rouge!
11. Quand est-ce que vous venez voir?
12. On attend déjà longtemps.
13. Et votre femme, vous avez rapporté un cadeau d'Autriche?
14. Les villes autrichiennes, vous avez aimées?

Übersetze.

1. Er wird uns um drei Uhr anrufen.
2. Wir müssen ihn fragen, wann er uns die Schlüssel bringt. *(amener)*
3. Seinen Geburtstag? Wir haben ihn vergessen!
4. Wir werden ihn morgen feiern.
5. Ich will ihm eine Krawatte kaufen.
6. Er wird sie (die Krawatte) gerne tragen. (gerne = *volontiers*)
7. Wir haben sie (die Krawatte) im Supermarkt gekauft.
8. Meine Mutter wird uns fragen, wo wir sie (die Eltern) treffen wollen.
9. Wir müssen ihnen die Krawatte zeigen.
10. Sie werden sie mögen.

ZAUBERPUNKT

**Du fühlst dich nicht wohl?
Es stresst dich, lernen zu müssen?
Du hast Heißhunger auf Süßes?**

Die Energie deines Körpers ist zu niedrig. Da hilft dir der Zauberpunkt:
Du legst zwei Finger der linken Hand auf die Innenseite des rechten Handgelenks. Diesen Punkt massierst du 2-mal täglich 4 bis 12 Minuten und immer dann, wenn es dir nicht gut geht. Du wirst merken, wie das funktioniert. Wenn du an dieser Stelle die Energie aktivierst, verzichtet dein Körper auch freiwillig auf Süßigkeiten. Süßigkeiten sind Energiefresser!

Dauer der Übung: 4 bis 12 Minuten

DIE VERNEINUNG IN SÄTZEN MIT OBJEKTVERTRETERN

❶ Objektvertreter, die vor der Personalform stehen

Darüber findest du noch mehr Informationen im Kapitel „Verneinung" ab Seite 141.
Bei den folgenden Erklärungen setze ich voraus, dass du dich mit den Grundregeln der französischen Verneinung schon auskennst!

Finver: *Non, non, non, ces règles, je ne les connais pas!*
Je ne les ai pas encore apprises!

M. Ver: Finver, natürlich kennst du die Regeln! Du hast sie gerade angewandt! Wenn du sagst:

"*Je **ne** les connais **pas**"*,

dann weißt du, dass die zwei Teile der Verneinung sowohl die Personalform als auch den Objektvertreter einrahmen!
Und auch der Satz:

"*Je **ne** les ai **pas** apprises*"

entspricht genau dieser Regel, ...

Finver: ... denn „*ai*" ist die Personalform, die von *ne* und *pas* eingerahmt wird, wenn der Satz kein Pronomen hat ...
und weil das Pronomen sich mit dem Verb einfach super versteht, darf es bei ihm bleiben, wenn *ne* und *pas* auftauchen.

M. Ver: Bravo, Finver, du kannst mich bald in der Schule vertreten!

Finver: Bin ich dann endlich ein Objektvertreter ...?

Objektvertreter – Verneinung				
Soll ein Satz, vor dessen Personalform Objektvertreter stehen, verneint werden, so rahmen die beiden Teile der Verneinung den oder die Objektvertreter gemeinsam mit der Personalform ein!				
Je t'aime. →	Je	ne	t'aime	pas.
Je vous ai donné le cadeau. →	Je	ne	vous ai	pas	donné le cadeau.

Beantworte die Fragen, indem du das unterstrichene Objekt durch ein Pronomen ersetzt.

1. Tu aimes ce pull? Non, je **ne l'aime pas.**
2. Tu as acheté le pull? Non, je **ne l'ai pas acheté.**

3. Tu donnes le pull à ta mère? Non, je . . .
4. Vous avez rencontré Jacques? Non, nous . . .
5. Il vous a téléphoné? Non, il . . .
6. C'est Jacques qui apporte les boissons? Non, Jacques . . .
7. Tu m'aimes? Non, je . . .
8. Vous montrez les photos à vos parents? Non, nous . . .
9. Vous voulez parler au patron? Non, nous . . .
10. Vous avez vu le patron aujourd'hui? Non, nous . . .

Wenn du die Verneinung mehr üben willst, so schau dir noch kurz den nächsten Abschnitt an, und dann kannst du im Prinzip alle Übungssätze der Übungen 1–11 verneinen.
Du findest zwar im Lösungsheft keine „Auflösung", kannst dich aber selbst überprüfen, indem du die Personalform rot unterstreichst und kontrollierst, ob sie auch wirklich „eingerahmt" ist!

❷ Objektvertreter, die vor dem Infinitiv stehen

Toi: Ist denn das Kapitel immer noch nicht aus? Ich kann sie nicht mehr sehen, diese Pronomen!!!!

M. Ver: *Je suis désolé*, tut mir Leid, aber ein paar Regeln kommen noch! Aber sag doch schnell einmal, was „Ich kann sie nicht mehr sehen" auf Französisch heißt!

Toi: *Je. . . ne peux plus. . . les voir!*

M. Ver: Richtig!
*Tu **ne** peux **plus** les voir.*

Die zwei Teile der Verneinung (hier: **ne** und **plus**) rahmen die Personalform ein, und da das Pronomen bei einer Infinitivkonstruktion vor dem Infinitiv steht, ist es von der Verneinung gar nicht betroffen!

Objektvertreter – Verneinung von Infinitivkonstruktionen

Die Teile der Verneinung rahmen die Personalform ein!
Da bei einer Infinitivkonstruktion die Pronomen vor dem Infinitiv stehen, sind sie von der Verneinung nicht betroffen.

| Je veux te voir. | Je | ne | veux | pas | te voir. |
| Je vais te voir. | Je | ne | vais | pas | te voir. |

85

EXERCICE DU CHEF

Beantworte die Fragen! Ersetze die unterstrichenen Objekte durch das richtige Pronomen.

Es gibt Sätze in der Gegenwart und in der Vergangenheit! (Auf Übereinstimmung achten!) Es kommen auch Infinitivkonstruktionen vor!

1. Tu as vu <u>Albert</u> dans le parc? Non, je **ne l'ai pas vu dans le parc.**
2. Vous voulez proposer <u>à Yvette</u> de venir? Non, nous **ne voulons pas lui proposer de venir.**

à toi

3. Vous voulez inviter <u>le nouvel élève</u>? Non, nous . . .
4. Je dois téléphoner <u>à Madame Giovannini</u>? Oui, tu . . .
5. Je dis <u>à Muriel et Véro</u> que nous arrivons à trois heures? Non, tu . . .
6. Vous avez invité <u>les amis de Christine</u>? Oui, nous . . .
7. Elle va fêter <u>son anniversaire</u> avec nous? Non, elle . . .
8. Elle <u>nous</u> a invités? Non, elle . . . (euch)
9. Tu vas acheter <u>les biscuits</u> au supermarché? Non, je . . .
10. Dis, Isabelle, tu sais danser <u>la valse</u>? Non, je . . .
11. Et le rock, tu danses aussi <u>le rock</u>? Non, je . . .
12. Tu as dit <u>à tes parents</u> de t'envoyer de l'argent? Non, je . . .
13. Je peux lire <u>la lettre</u>? Non, tu . . .
14. Est-ce que tu as reçu <u>la lettre</u>? Non, je . . .
15. Tu as montré la lettre <u>à ton amie</u>? Non je . . .
16. Vous voulez avoir <u>la récréation</u> maintenant? Non, nous . . .

AUSWERTUNG:
Vorgangsweise:
☆ Du kontrollierst die Pronomen und gibst dir für jedes richtige 1 Punkt!
☆ Du kontrollierst die Stellung der Pronomen: Stimmt sie, bekommst du 1 Punkt pro Satz.
☆ Du kontrollierst die Stellung des „ne . . pas". Stimmt sie, erhältst du noch 1 Punkt pro Satz.
Auf diese Weise kannst du insgesamt 40 Punkte erreichen!

40–36 Punkte:	Super! Du kennst dich im Wesentlichen aus mit den Pronomen und ihrer Stellung!
35–31 Punkte:	Fehlt es da an Genauigkeit? Woher kommen die fehlenden Punkte? Liegt's an den Formen oder an der Stellung? Überprüfe das und pass das nächste Mal darauf besser auf!
30–26 Punkte:	Irgendetwas hast du zu ungenau gelernt! Sind es die Formen oder ist es die Stellung der Pronomen? Arbeite deine Karteikarten zum Kapitel „Pronomen" noch einmal durch und wiederhole die Übung bald.
25–21 Punkte:	Deine Punkteanzahl würde mir zwar bei einem Test genügen, dir sollte sie jedoch zu wenig sein!! Mach die Übung noch einmal! Vorher Kapitel „Pronomen" noch einmal durcharbeiten!
20–... Punkte:	Hast du bemerkt, dass es vor der *Exercice du chef* auch Erklärungen zu diesem Thema gibt?

TIPP Bevor du dich nun mit dem nächsten Abschnitt beschäftigst, solltest du zwei Dinge beachten:

☆ Beginne erst damit, wenn du mit den unbetonten Pronomen keine Probleme mehr hast!

☆ Lege eine wirklich lange und erholsame **Pause** ein, bevor du die betonten Pronomen lernst. (Die Pause kann sogar ein paar Tage dauern!)

Je ähnlicher zwei Lerninhalte sind, desto mehr stören sie einander, wenn einer auf den anderen folgt! Es ist übrigens am besten, nach dem Lernen zu schlafen!

DIE BETONTEN PERSÖNLICHEN FÜRWÖRTER – *LES FORMES DISJOINTES DU PRONOM PERSONNEL*

M. Ver: *Madame Mireau m'a donné ce far breton. Qui veut l'essayer?*

Finver: ***MOI**, je l'essaie!*

M. Ver: *Voilà, c'est pour **TOI**! Tu penses que mon père l'aime aussi?*

Finver: ***LUI**, non, il n'aime pas le far breton. Mais Mimi, **ELLE**, elle l'aime beaucoup!*

M. Ver: *Et **TOI**, mon ami, tu aimes le far breton?*

Leider kannst du den wunderbaren „*far breton*" nicht kosten. Aber wenn du einmal einen selbst backen willst, so findest du das Rezept in fast jedem französischen Kochbuch! *Bon appétit!* Halt! Wo gehst du denn hin? Hiergeblieben! Du wolltest doch etwas über die betonten Fürwörter hören!

Im kurzen Gespräch mit Finver sind dir sicher die großgeschriebenen Wörter aufgefallen: *moi, toi, lui, elle*.
Das waren sie auch schon: die betonten Fürwörter in der Einzahl!

	Einzahl				Mehrzahl		
Zu	*je*	gehört	**moi**	Zu	*nous*	gehört	**nous**
	tu		**toi**		*vous*		**vous**
	il		**lui**		*ils*		**eux**
	elle		**elle**		*elles*		**elles**

Als „Gedicht" kannst du sie so lernen:

> *„Pour moi und toi,*
> *pour lui und elle.*
> *Jetzt nimm dazu*
> *pour nous und vous*
> *und eux und elles!*
> *Dann bist du fertig schnell."*

Und wozu brauchst du diese Formen?

DIE VERWENDUNG

☆ Du brauchst sie, wenn du z. B. das persönliche Fürwort als Subjekt betonen willst, wobei du die „betonte Form" an den Anfang oder das Ende des Satzes stellen kannst:
Moi, *j'aime le far breton* oder *J'aime le far breton*, **moi**!

! Diese Formen dürfen nicht unmittelbar vor der Personalform stehen!
Moi aime ist **falsch**!
(Okay, bei manchen Schriftstellern findet man Sätze wie *Lui chante*, aber das ist schriftstellerische Freiheit, und es dürfte dir im ersten Lernjahr schwer fallen, jemanden davon zu überzeugen, dass deine Grammatikübung literarische Qualität haben soll . . .)

☆ Die Hervorhebung des Subjekts kann auch durch die sogenannte *„mise en relief"* erfolgen, die aus *„c'est* + betontes Pronomen + *qui"* besteht.

C'est moi qui *aime le far breton!*
C'est lui qui *ne l'aime pas.*

! Die Übersetzung „Ich bin es, der/die . . ." kann zu Fehlern bei der Personalform führen, denn es muss immer die Personalform verwendet werden, die zu der hervorgehobenen Person gehört:

| C'est | **moi** | qui | **suis** | malade. |
| C'est | **toi** | qui | **vas** | encore au collège? |

Ich glaube aber nicht, dass du dich mit diesem Problem schon im 1. Lernjahr herumschlagen musst! Deshalb gibt es in diesem Band keine Übungen dazu!

☆ Die betonten Pronomen müssen auch nach Vorwörtern (Präpositionen) verwendet werden!

Il va au cinéma	avec	**moi**.	(mit mir)
Il achète la rose	pour	**toi**.	(für dich)
Nous allons	chez	**lui**.	(zu ihm)
Nous parlons	d'	**elle**.	(von ihr)
Ils partent	sans	**nous**.	(ohne uns)
Je suis	devant	**vous**.	(vor Ihnen/euch)
Nous sommes	contre	**eux**.	(gegen sie)
Notre tente est	près d'	**elles**.	(nahe bei ihnen)

Wenn ich „an jemanden denke", heißt das bei uns **penser à q**.
z. B. *Je pense à Mimi.*

Will ich dieses Objekt durch ein Pronomen ersetzen, muss ich auch die betonte Form verwenden, darf es also
nicht vor die Personalform
setzen!

Tu penses à Mimi?
Oui, je pense à elle.

Tu penses à tes parents?
Oui, je pense souvent à eux.

 ☆ Auch in Aufzählungen werden diese Pronomen verwendet:
z. B. : „Meine Mutter und ich" heißt "*ma mère et **moi***".
Achtung! Hier muss die Personalform der 1. Person Mehrzahl verwendet werden. Wenn bei mehreren Menschen **ich** dabei bin, so sind das **wir**:
*Ma mère et moi, nous **allons** au cinéma.*

K	**Die betonten Fürwörter – *Les formes disjointes du pronom personnel***
Sie heißen:	**moi, toi, lui, elle,** **nous, vous, eux, elles**
Sie werden verwendet:	1. Zur Betonung des Subjekts: *Moi, j'aime le far.* 2. In der „mise en relief": *C'est moi qui aime le far.* 3. Nach Vorwörtern: *avec moi, pour moi, chez moi...* 4. Bei Aufzählungen: *Ma mère et moi, nous ...*

Ersetze das Nomen durch das passende betonte Pronomen:
1. chez Mimi   **chez elle**
2. pour Jean   _____
3. pour tes parents   _____
4. avec ses amies   _____
5. chez Sabine   _____
6. chez les élèves   _____
7. contre tes amies   _____
8. devant Pierre   _____
9. derrière ma soeur   _____
10. de M. Ver   _____

 Beantworte die Fragen, ersetze die unterstrichenen Objekte durch passende Pronomen. (Es können unbetonte und betonte sein!) Auch auf die Stellung der Pronomen musst du Acht geben.

1. Il achète une fleur <u>à son amie</u>? Oui, il **lui achète une fleur.**
2. Il ne l'achète pas <u>pour sa mère</u>? Non, il **ne l'achète pas pour elle.**

à toi
3. Vous expliquez la grammaire <u>aux élèves</u>? Oui, je . . .
4. Vous voulez voir <u>nos devoirs</u>? Non, nous . . .
5. Vous êtes <u>pour le nouveau ministre</u>? Non, je . . .
6. Tu pars pour Paris <u>sans tes parents</u>? Oui, je . . .
7. C'est <u>Jacques</u> qui va <u>avec toi</u>? Oui, c'est . . .
8. Vous pensez souvent <u>à vos amis américains</u>? Oui, nous . . .
9. Vous avez retrouvé <u>mon sac</u>? Non, nous . . .
10. Tu as parlé <u>de Brigitte</u> <u>à Paul</u>? Oui, je . . .
11. <u>Pierre et Paul</u> sont d'accord? Oui, . . . , ils sont d'accord!
12. Je dois écrire <u>à mes parents</u> tout de suite? Non, tu . . .
13. Tu viens à la plage <u>avec Anne et Sylvie</u>? Oui, je . . .
14. Tu as invité <u>Anne et Sylvie</u>? Oui, je . . .
15. Tu as pris <u>la photo</u> <u>pour moi</u>? Non, je . . .

 Übersetze.
1. Mein Vater hat mir ein Auto gekauft.
2. Ich werde Ihnen das Auto zeigen!
3. Ich habe eine Überraschung *(une surprise)* für Sie!
4. Aber Sie müssen noch auf sie (die Überraschung) warten.
5. Madame Colin ist bei mir. Denken Sie manchmal noch an sie?
6. Sie können uns nicht einladen. Meine Eltern kommen zu uns.
7. Wir gehen mit ihnen in ein Restaurant.
8. Anschließend werden wir ihnen die Stadt zeigen.
9. Sie wird ihnen gefallen. *(plaire à)*
10. Madame Colin fragt mich immer, wie es Ihnen geht.
11. Ich habe ihr Ihr Haus gezeigt.
12. Ich besuche *(venir voir)* Sie morgen mit ihr.

DIE BEFEHLSFORM – DER IMPERATIV – *L'IMPERATIF* – UND DIE OBJEKTVERTRETER

M. Ver: *Finver, tu ne dois pas fumer!* Du sollst nicht rauchen!
Ne lui donne pas de cigarette. Gib ihm keine Zigarette!

Finver: *S'il te plaît, donne-moi une cigarette.* Gib mir eine!

Toi: Ich hab gar keine Zigaretten! Dafür eine Frage!
Warum sagt Finver: **„Donne-moi"**?

BEJAHENDE BEFEHLSFORM

M. Ver: Weil es sich um einen Satz handelt, der dich auffordert, etwas zu tun. Es ist also eine **bejahende Befehlsform**, bei der die Objektvertreter **hinter** dem Verb stehen! Damit sie nicht verloren gehen, bindet man sie mit einem Bindestrich an das Verb!
Außerdem wird me zu **moi** → **Donne-moi** *une cigarette.*
und te zu **toi** → **Prépare-toi** *le dîner.*

! Es kann sich beim Pronomen auch um ein rückbezügliches handeln:
Lave-toi.   Wasch dich!
Amuse-toi bien.   Unterhalte dich gut!

Die anderen Formen bleiben die der unbetonten Pronomen:

indirektes Objekt:
Je donne une cigarette à Paul?   *Oui, donne-lui une cigarette.*
Je vous donne une cigarette?   *Oui, donne-nous . . .*
Nous nous préparons le dîner?   *Oui, préparez-vous . . .*
Je donne une cigarette aux filles? *Oui, donne-leur . . .*

direktes Objekt:
Je te présente à Paul?   *Oui, présente-moi à Paul.*
Je me présente à Paul?   *Oui, présente-toi à Paul.*
Je présente Sylvie à Paul?   *Oui, présente-la à Paul.*
Je vous présente à Paul?   *Oui, présente-nous à Paul.*
Nous nous présentons à Paul?   *Oui, présentez-vous à Paul.*
Je présente mes parents à Paul?   *Oui, présente-les à Paul.*

VERNEINENDE BEFEHLSFORM

Wenn ich jemanden auffordere, etwas nicht zu tun, spricht man von einer **verneinenden Befehlsform**. Bei ihr stehen die Pronomen auf ihrem gewohnten Platz, also **vor** der Personalform!

*Ne **me** donne pas de cigarette.*
*Ne **te** prépare pas le dîner.*
*Ne **lui** donne pas de cigarette.* etc.

Objektvertreter in der Befehlsform
In der **verneinenden Befehlsform** gibt es keine Änderungen: Die Pronomen stehen in ihrer gewohnten Form **vor** der Personalform! z. B. *Ne **lui** donne pas de cigarette.*
In der **bejahenden Befehlsform** stehen die Pronomen **hinter** dem Verb und werden mit diesem durch einen Bindestrich verbunden! z. B. ***Donne-lui** une cigarette.*
Außerdem wird aus **me** → **moi** (*Donne-moi* . . .) und aus **te** → **toi** (*Prépare-toi* . . .)

Beantworte die Fragen mit einer Aufforderung.
Schau dir zur Erinnerung noch einmal die Bildung der Befehlsformen an! Du findest sie im ersten Kapitel auf Seite 31!

1. Je te fais des crêpes? (Soll ich . . .) Oui, **fais-moi des crêpes.**
2. Nous donnons les crêpes aussi <u>à ta mère</u>? Non, **ne lui donnez pas les crêpes.**

3. Nous appelons <u>ton père</u>? Oui, . . .
4. Nous disons <u>à ton père</u> que tu n'as plus d'argent? Non, . . .
5. Je <u>te</u> donne de l'argent? Oui, . . .
6. Je donne 100 francs aussi <u>à ta soeur</u>? Oui, . . .
7. Nous invitons <u>les Mireau</u>? Non, . . .
8. Mais nous montrons nos photos <u>aux Mireau</u>! Oui, . . .
9. Je <u>me</u> fais un steak? Oui, . . .
10. Nous <u>vous</u> expliquons comment on fait? Oui, . . .
11. Nous <u>nous</u> préparons ce cocktail? Oui, . . .
12. Je <u>te</u> fais cette robe? Oui, . . .
13. Je <u>me</u> fais cette robe aussi? Non, . . .
14. Nous parlons <u>à ton prof</u>? Oui, . . .
15. Nous disons <u>la vérité</u>? Non, . . .

DIE OBJEKTPRONOMEN *Y* UND *EN*

Finver: Sind wir in der Baumschule? Machst du Zierleisten?

M. Ver: Nein! Diese Überschrift zeigt, dass ich das Pronomen „Y" behandle.

Finver: *Dis-donc, je ne veux plus apprendre!* Ich mag nicht mehr lernen! Geh doch mit mir an den Strand.

M. Ver: Zuerst kommen die Erklärungen! Die Übungen können wir ja am Strand schreiben, wenn du magst!
Also: Y vertritt Objekte mit *à* und . . .

Toi: Halt! Objekte mit *à* sind doch indirekte Objekte, und die Pronomen heißen *metelui, nousvousleur*!

M. Ver: Da hast du recht, aber diese Pronomen vertreten **Personen**!
Y vertritt Dinge (weibliche, männliche, Einzahl, Mehrzahl!) **und Ortsergänzungen.**

Sehr viele Verben, die Objekte mit *à* verlangen können, die keine Personen sind, gibt es nicht.

Zwei für dich wichtige sind:

penser à:	Tu penses	au cadeau?	Oui, j'		y	pense!
s'intéresser à:	Tu t'intéresses	à la maison?	Oui, je	m'	y	intéresse.

! ***y* kann keine Personen vertreten!**
Wenn Personen vertreten werden sollen, verwendet man bei diesen Verben nicht die Form des *objet indirect*, sondern *à* + betontes Fürwort!

Es heißt daher:

Tu penses	à Mimi?	Oui, je	pense	à elle.
Tu t'intéresses	à Mimi?	Oui, je	m'intéresse	à elle.

Viel gebräuchlicher und für dich sicher interessanter sind die **Ortsergänzungen**.

Hier vertritt *y* nicht nur Ergänzungen mit dem Vorwort *à*, sondern auch solche **mit anderen Vorwörtern** (**außer *de***), wenn sie eine **Ortsbestimmung** einleiten! (Z. B. *dans, en, sur, sous, devant* etc.)

Vous **habitez**	à Paris?	
Nous	y	**habitons**.
La photo **est**	dans le sac?	
Oui, elle	y	**est**.
Vous **allez**	en France?	
Oui, nous	y	**allons**.
Tu **mets** le livre	sur la table?	
Oui, j'	y	**mets** le livre.

Beim letzten Satz kann man auch das direkte Objekt durch *le* ersetzen. *y* steht dann nach diesem Pronomen:

| Tu **mets** | le livre | sur la table? | |
| Oui, je | l' | y | **mets**. |

! Stehen vor dem *y* ein
je, me, te, se, le, la oder *ne*,
so fällt bei diesen der Vokal weg:

In der Stellung unterscheidet sich **y** nicht von den anderen Pronomen:
Es steht entweder

• **vor der Personalform:** *Elle **y** est allée*
wo es von den Teilen der
Verneinung mit eingerahmt wird: *Elle **n'y** est **pas** allée*

• **vor dem Infinitiv:** *Elle veut **y** aller*
wo es von den Teilen der
Verneinung nicht betroffen ist: *Elle **ne** veut **pas y** aller*

• **hinter der bejahenden Befehlsform:**
*Allez-**y**!*

• **vor der verneinenden Befehlsform:**
***N'y** allez pas!*

Wenn es im Satz auch einen Objektvertreter des *objet indirect* oder des *objet direct* gibt, so kommt y **nach diesem Objektvertreter**.

Tu rencontres	ton père	devant le cinéma?	
	le	y	
Je		**l'y**	**rencontre.**

y	
vertritt **à + Sache** und **Ortsangaben** (mit verschiedenen Vorwörtern außer **de**!)	
Tu penses à mon cadeau? Oui, j'y pense! Tu vas à Paris? Oui, j'y vais. Tu habites en France? Oui, j'y habite. Tu es dans la voiture? Oui, j'y suis.	
Es steht wie die anderen Pronomen	
vor der Personalform	Elle y va, elle y est allée, elle n'y va pas, elle n'y est pas allée
vor dem Infinitiv	Elle veut y aller Elle ne veut pas y aller
nach der bejahenden Befehlsform	Allez-y
vor der verneinenden Befehlsform	N'y allez pas
nach einem anderen Objektvertreter	Elle nous y a donné le cadeau Elle veut nous y inviter

 Ach, dieser Finver. Wenn er auch nur ein bisschen getrunken hat, sagt er jeden Satz doppelt, wobei er beim zweiten Mal die Objekte durch Pronomen ersetzt. Und dabei macht er auch noch Fehler!
Findest du die Fehler?

1. Je ne trouve pas mes clés. Je ne trouve pas **les**.
   Je ne les trouve pas.

2. Je les cherche dans mon bureau. J'y les cherche.
3. Je demande à Mimi si elle a vu mes clés. Je la demande si elle a les vu.
4. Elle veut aller au bureau des objets trouvés avec moi. Elle veut lui aller avec me.

5. Mais nous trouvons mes clés dans la poche de ma robe. Nous les trouvons dans elle.
6. En juillet, nous voulons aller en Grèce. Nous y voulons aller.
7. Nous téléphonons à une amie, elle travaille dans une agence de voyage. Nous elle téléphonons, elle y travaille.
8. Tu t'intéresses à la culture grècque? Tu t'intéresses y ?
9. Nous partons pour la Grèce avec nos parents. Nous partons pour y avec elles.
10. Nous ne voulons pas aller en Grèce en voiture. Nous ne voulons y aller pas en voiture.

Ich glaube, das reicht!
Hast du alle Fehler gefunden?

Zeig Finver nun, dass DU
alles gleich richtig machst!

 Wiederhole die Sätze, indem du die unterstrichenen Objekte durch Pronomen ersetzt.

1. Après le voyage, nous allons montrer nos photos <u>à nos amis</u>.
2. Nous avons déjà acheté <u>ce nouvel appareil photo</u>.
3. Mon frère est amoureux. Il pense toujours <u>à sa petite amie</u>.
4. Mais elle ne peut pas accompagner <u>mon frère</u> en Grèce.
5. Je vais vous écrire. Vous m'écrivez votre adresse <u>sur cette carte</u>?
6. Ecrivez votre adresse <u>sur cette carte</u>!
7. Maintenant, il fait chaud. On va <u>à la piscine</u>?
8. Thierry est encore <u>dans la salle de bains</u>?
9. Allez <u>dans le bureau de Jean</u> et demandez <u>à Jean</u> s'il nous accompagne.
10. Je ne vais pas <u>chez Jean</u>, je ne veux pas demander <u>à Jean</u> s'il nous accompagne <u>à la piscine</u>!

MUDRA FÜR DEN GESUNDEN WILLEN

Du hast keine Lust zu lernen?

Diese Lernunwilligkeit kannst du folgendermaßen abbauen:

Du legst den Zeigefinger in die Daumengrube und bringst Daumen und Mittelfingerkuppe zusammen.

Das Mudra kannst du mit beiden Händen gleichzeitig oder jeweils mit einer Hand halten. Immer dann, wenn du eine Hand gerade nicht brauchst, hältst du die Finger in der beschriebenen Stellung.

Hervorragend geeignet zum Hinhören im Unterricht, beim Schreiben und Nachdenken. Sogar während des Lesens kannst du es halten.

Dauer der Übung: mindestens 7 Minuten

Finver: Das ist nun das letzte Kapitel, das sich mit den Pronomen beschäftigt! Das muss gefeiert werden! Du holst den Sekt, ich bringe den Kuchen!

M. Ver: Zuerst die Arbeit, dann das Vergnügen!
Le travail d'abord, le plaisir après!
Es geht nun um das letzte noch unbesprochene Pronomen, um „en".

☆ **en vertritt Ergänzungen mit *de*,**
wobei es sich (hauptsächlich) um die Vertretung von Dingen handelt.

Tu viens Oui, j'	**de la gare?** **en**	viens.
Tu parles Oui, j'	**de tes vacances?** **en**	parle.
Tu te moques Oui, je m'	**de la photo?** **en**	moque.

In diesen Beispielen vertritt *en* also jeweils „*de* + Ergänzung" und hat unterschiedliche deutsche Bedeutungen:
Kommst du vom Bahnhof? Ja, ich komme **von dort**.
Sprichst du über deine Ferien? Ja, ich spreche **über sie / darüber**.
Machst du dich über das Photo lustig? Ich mache mich **darüber** lustig.

☆ **en vertritt Ergänzungen, vor denen ein Teilungsartikel steht!**
en kann auch Ergänzungen vertreten, vor denen der Teilungsartikel (= *du, de l', de la*) oder der unbestimmte Mehrzahlartikel *(des)* steht. (Dabei heißt *en* etwa „welche, welches")

Tu as Oui, j'	**des cigarettes?** **en**	ai.	Ich habe welche
Tu as Oui, j'	**du sel?** **en**	ai.	Ich habe welches
Tu as Oui, j'	**de l'argent?** **en**	ai.	
Tu as Oui, j'	**de la chance?** **en**	ai.	

Bei diesen Sätzen könnte man übrigens nach dem Prädikat noch eine genauere Mengenangabe setzen!

Tu as de l'argent? Oui, j'en ai assez (genug), *beaucoup* (viel) etc.
Tu as du sel? Oui, j'en ai un peu (ein wenig), *un kilo* (ein Kilo) etc.
Tu veux prendre des pommes? Oui, je veux en prendre trois.

☆ **en vertritt direkte Ergänzungen, deren Begleiter ein unbestimmter Artikel ist *(un, une)***

Ist dies der Fall, wiederholt man nach dem Prädikat den Artikel oder setzt eine andere Mengenangabe dazu.
Dies gilt aber nicht, wenn der Satz verneint ist!
en könnte dabei immer mit „davon" übersetzt werden, was aber im Deutschen nicht sehr elegant wäre!

Tu prends	**une revue?**		
Oui, j'	**en**	prends	une.
Tu as	**un cousin?**		
Oui, j'	**en**	ai	un/deux/plusieurs.
Tu cherches	**une cigarette?**		
Non, je n'	**en**	cherche pas.	

Und wo steht das *en*? Hier gelten alle Regeln, die auch bei *y* gelten!

Sollten *y* und *en* in einem Satz vorkommen, so steht *y* vor *en*!

*Elle a **des amis à Rome?***
      en   *y*
*Elle **y en** a.*

K

en

en vertritt ☆ **„de + Ergänzung"**:
    Je viens de Paris – j'en viens
    ☆ **Teilungsartikel (Mehrzahlartikel) + Ergänzung**:
    Je prends du sel – j'en prends
    Je cherche des cigarettes – J'en cherche
    ☆ **„un/une + Nomen"**:
Hier wird der Artikel wiederholt oder eine andere Mengenangabe gesetzt: *Tu prends une pomme? Tu en prends <u>une</u>*
    Tu prends un abricot? Oui, j'en prends <u>un kilo</u>

Stellung von *en*: vgl. Kartei *y* auf Seite 95!
Kommen *y* und *en* vor, so steht *y* vor *en*!
*Tu achètes **des pommes au marché?** Oui, j'**y en** achète.*

Wegfallregel:

19 Beantworte die folgenden Fragen, ersetze die <u>unterstrichene Ergänzung</u> durch *en*.

1. Avez-vous <u>une voiture</u>? (une!) – Oui, **j'en ai une.**
2. Et votre père? Il a <u>une voiture</u>? Non, **il n'en a pas.**
3. Avez-vous beaucoup <u>de temps libre</u>? Oui, nous . . .
4. Avez-vous assez <u>d'argent</u>? Non, j' . . .
5. Avez-vous <u>des amis</u>? (plusieurs) Oui, nous . . .
6. Avez-vous <u>un chat</u>? (un) Oui, j' . . .
7. Les Allemands boivent <u>du vin</u> à tous les repas? Non, ils . . .
8. Mais ils boivent <u>de la bière</u>? Oui, ils . . . (beaucoup)
9. Ils mangent beaucoup <u>d'escargots</u>? (Schnecken?) Non, ils . . .
10. Les Autrichiens mangent souvent <u>des légumes</u>? Oui, ils . . .

20 *Y* oder *en*? Und wohin gehört das Pronomen?

1. Tu veux aller <u>au marché</u>? Oui, je **veux y aller.**
2. Ta vas acheter <u>des oranges</u>? Non, je **ne vais pas en acheter.**
3. Mais la marchande a <u>des oranges</u>? Non, elle . . .
4. Alors, tu en achètes un kilo <u>au supermarché</u>? Oui, j' . . .
5. Ton ami, il doit aller <u>au cours</u> aujourd'hui? Oui, il . . .
6. Il vient <u>de Londres</u>, n'est-ce pas? Oui, il . . .
7. Quand est-ce qu'il va rentrer <u>en Angleterre</u>? Il . . . en octobre.
8. Vous allez <u>à la plage</u> l'après-midi? Non, nous . . .
9. Vous voulez aller <u>à Grasse</u>? Oui, nous . . .
10. Christine est déjà allée <u>en Italie</u>? Oui, elle . . .
11. Elle va rester une semaine <u>à Rome</u>? Oui, elle . . .
12. Elle y a <u>des amies</u>? Oui, elle . . .
13. Elle a fait ses études <u>à l'université de Rome</u>? Oui, elle . . .
14. Qu'est-ce qu'on va manger?
    <u>Des spaghettis</u>?
    Oui, on . . .
15. Mais vous avez mangé <u>des spaghettis</u> hier?
    Non, nous . . .

Nun mußt du bei den Antworten entscheiden, welches Pronomen du nimmst und wohin es gehört, aber du hast die Qual der Wahl. Denn es stehen alle zur Auswahl. (Wir bleiben noch in der Gegenwart!)

1. On organise <u>des leçons de gymnastique</u> <u>à la plage</u>? Oui, on **y en organise.**
2. Elles sont aussi pour <u>les adultes</u>? Non, elles **ne sont pas pour eux.**
3. On offre beaucoup <u>d'activités</u> <u>aux élèves</u>? Oui, on . . .
4. Il y a aussi <u>une école de voile</u>? Oui, il . . .
5. Tu pratiques <u>la planche à voile</u>? Non, je . . .
6. Tu as <u>une activité favorite</u>? Non, je . . .
7. Les élèves se trouvent <u>à la plage</u> <u>avec leur prof</u>? Oui, ils . . .
8. Il peut pratiquer <u>son sport favori</u> aussi? Oui, il . . .
9. Les élèves peuvent faire beaucoup <u>de sports différents</u>? Oui, ils . . .
10. Vous passez aussi <u>votre temps</u> <u>avec les autres</u>? Oui, nous . . .
11. Vous voulez voir <u>un film</u> ce soir? Non, nous . . .
12. Le prof veut enseigner <u>la valse</u> à ses élèves? Oui, il . . .
13. Le prof veut enseigner la valse <u>à ses élèves</u>? Non, il . . .
14. Vous pensez <u>aux fleurs pour sa femme</u>? Oui, nous . . .
15. Elle s'intéresse aussi <u>aux danses</u>? Non, elle . . .

Wie wär's mit einer Übung, bei der ich dir ein paar Lösungen anbiete und du die richtige suchst?

1. Tu sais parler le chinois?
   - ○ Oui, je sais en parler.
   - ○ Oui, je sais le parler.
   - ○ Oui, je le sais parler.
2. Il vous faut des aspirines?
   - ○ Non, il ne nous les faut pas.
   - ○ Non, il nous n'en faut pas.
   - ○ Non, il ne nous en faut pas.
3. Tu as rencontré ta mère devant le cinéma?
   - ○ Oui, je l'y ai rencontrée.
   - ○ Oui, je l'ai y rencontré.
   - ○ Oui, je lui y ai rencontrée.
4. Vous déjeunez avec moi dans la salle à manger?
   - ○ Non, nous ne déjeunons pas avec toi dans elle.
   - ○ Non, nous n'y déjeunons pas avec toi.
   - ○ Non, nous n'y pas déjeunons avec te.
5. Tu viens de Paris avec ton frère?
   - ○ Oui, j'en viens avec lui.
   - ○ Oui, j'y viens avec lui.
   - ○ Oui, j'en viens avec il.

101

Vor unserer krönenden Übung beantworte noch die folgenden
KONTROLLFRAGEN:

1. Wie heißen die betonten persönlichen Fürwörter?
2. Welches *objet* verlangen *demander, aider* und *téléphoner*?
3. Kann *y* eine Ortsergänzung ersetzen, die als Vorwort *de* hat?
4. Welche Ergänzungen ersetzt *en*?
5. Wie heißen die Objektvertreter des *objet indirect*?
6. Wo stehen die Objektvertreter bei einer Nennformkonstruktion?
7. Wann werden die betonten persönlichen Fürwörter verwendet?
8. Was wird aus *me* und *te* in der bejahenden Befehlsform?
9. Wie heißen die Objektvertreter des *objet direct*?
10. *Elle, vous, ils, elles, la, vous, les* übersetzt man mit einem Wort!
11. Wie heißen das *sujet,* das *objet indirect* und das *objet direct* des französischen Anredefürwortes?

EXERCICE DU CHEF 1, TEIL A

Beantworte die Fragen, ersetze die unterstrichenen Objekte durch ein Pronomen.

1. Vous êtes allés <u>à Paris</u> avec <u>votre</u> prof? Oui, nous . . .
2. Tu connais <u>son adresse</u>? Non, je . . .
3. On va manger <u>les crêpes</u> chez <u>nos amis</u>? Oui, on . . .
4. Tu penses encore <u>à cette fille</u>? Oui, je . . .
5. Pour aller chez Luc, je prends <u>la voiture</u>? Oui, . . .! (Befehl)
6. Je parle <u>de cette histoire</u> <u>à mes parents</u>? Non, . . .! (Befehl)
7. Vous avez acheté <u>la baguette</u> <u>au supermarché</u>? Non, nous . . .
8. Vous voulez vraiment parler <u>au directeur</u>? Oui, je . . .
9. Vous pouvez <u>me</u> réserver <u>des tickets</u>? Non, nous . . .
10. Vous venez <u>de Caen</u> avec <u>vos enfants</u>? Oui, j' . . .

AUSWERTUNG:
- ☆ Gib dir für jedes richtige Pronomen 1 Punkt! (16 Punkte max.)
- ☆ Kontrolliere die Stellung der unbetonten Pronomen: Stimmt sie, bekommst du pro Pronomen noch 1 Punkt! (12 Punkte max.)
- ☆ Kontrolliere die Stellung des *ne . . . pas*. Stimmt sie, erhältst du noch 1 Punkt für jeden verneinten Satz. (4 Punkte)

Du kannst insgesamt also 32 Punkte erreichen!

32–29 Punkte:	Ich gratuliere! Du kannst dir weitere Übungen ersparen!
28–25 Punkte:	Recht gut! Übe trotzdem weiter, du bist schon so gut, dass es schade wäre, jetzt aufzugeben!
24–21 Punkte:	Obwohl du die Sache mit den Pronomen verstanden zu haben scheinst, übe noch, damit die Fehler weniger werden!
20–17 Punkte:	Da zeigen sich gravierende Mängel! Stelle die Fehlerquellen fest und vertiefe dich in die dazugehörigen Karteikarten! Üben!
16–... Punkte:	Tja, was soll ich sagen? Versuche herauszufinden, was genau deine Fehler verursacht, mach dann Pause und beginne morgen bei den Kapiteln, die dir Probleme machen, von neuem.

EXERCICE DU CHEF 1, TEIL B (nach 2 bis 3 Tagen machen!)

1. Tu vas écrire <u>à tes amies</u> la semaine prochaine? Non, je . . .
2. Vous êtes arrivé <u>à la maison</u> avec <u>votre femme</u>? Non, je . . .
3. Madame Levy, votre fils <u>vous</u> a raconté <u>des histoires</u>? Oui, il . . .
4. Nous mangeons <u>les pommes</u>? Oui, . . . (Befehl)
5. Elle a lu <u>ce livre</u> avec <u>ses soeurs</u>? Non, elle . . .
6. Tu as vu <u>José Carreras</u> <u>en Autriche</u>? Non, je . . .
7. Ta mère aime écouter <u>ses cassettes</u>? Oui, elle . . .
8. Vous êtes allés <u>au concert</u> avec <u>votre frère</u>? Oui, nous . . .
9. Vous avez acheté <u>une cassette</u>? Oui, nous . . . (une)
10. Je peux écouter <u>la cassette</u> chez <u>toi</u>? Oui, tu . . .

AUSWERTUNG:
☆ Gib dir für jedes richtige Pronomen 1 Punkt! (16 Punkte)
☆ Kontrolliere die Stellung der unbetonten Pronomen: Stimmt sie, bekommst du pro Pronomen 1 Punkt! (12 Punkte)
☆ Kontrolliere die Stellung des *ne . . pas*. Stimmt sie, erhältst du noch 1 Punkt für jeden verneinten Satz. (4 Punkte)
Du kannst insgesamt also 32 Punkte erreichen!

Das Ergebnis sollte bei Teil B um mindestens 5 Punkte besser sein!

EXERCICE DU CHEF 2

Übersetze.

1. Ich will Sie heute dort sehen!
2. Er hat ihm den Brief gestern geschickt. *(envoyer)*
3. Warten Sie auf sie? (die Schüler)
4. Sie hat den Kuchen für ihn gemacht.
5. Ich habe sie (Marie) nicht gefragt!
6. Sie *(ils)* müssen ihnen das Auto zeigen.
7. Die Bananen? Bietet sie dem Kind nicht an!
8. Gib mir das Photo!
9. Können wir ihr helfen?
10. Wir mögen Muscheln. *(les moules)*
    Er wird zwei Kilo kaufen.

AUSWERTUNG:
Zähle **alle Fehler** zusammen!
Und dann schreib dir genau auf, wodurch sie entstanden sind.
(Verbformen, Pronomen, Stellung der Pronomen, falsche „Fälle" etc.)
Genau diese Kapitel – am besten gleich! – wiederholen!

BEZÜGLICHE FÜRWÖRTER – RELATIVPRONOMEN – *LES PRONOMS RELATIFS*

Die „bezüglichen Fürwörter" sind Wörter, die sich auf ein Wort „beziehen" und dieses ersetzen. In den meisten Fällen leiten sie einen Gliedsatz ein und beziehen sich auf ein Hauptwort (oder einen Namen) des übergeordneten Satzes.

Ich zeige dir ein Beispiel:

Da kommt **Finver**, der einen Sack schleppt.
Es ist ein schwerer **Sack**, den er da schleppt.

Die bezüglichen Fürwörter im Deutschen heißen „der, die, das" („welcher, welche, welches") und können in alle Fälle gesetzt werden.

Im Französischen heißen sie *pronoms relatifs* und lauten:

M. Ver: *Finver!* Damit kann doch im ersten Lernjahr niemand etwas anfangen! Gib mir nur **qui** und **que**, die anderen bring bitte wieder zurück!

QUI

Da ist Finver, **der** einen Sack trägt.
*Voilà Finver **qui** porte un sac.*

Finver trägt einen Sack, **der** schwer ist.
*Finver porte un sac **qui** est lourd.*

In beiden Gliedsätzen ist das bezügliche Fürwort das **Subjekt**, der „**Satzgegenstand**", des Gliedsatzes, steht also im Deutschen im 1. Fall!
(„Wer trägt einen Sack? **Der!**" – „Wer ist schwer? **Der!**")

Ich zeige dir noch ein paar Beispiele:

Da ist Mimi,	**die**	Leroc heißt.	→ *Voilà Mimi*	**qui**	*s'appelle Leroc.*
Sie hat ein Auto,	**das**	alt ist.	→ *Elle a une voiture*	**qui**	*est vieille.*
Ich rufe Finver,	**der**	sie auch mag.	→ *J'appelle Finver*	**qui**	*l'aime aussi.*
Es sind Freunde,	**die**	mich mögen.	→ *Ce sont des amis*	**qui**	*m'aiment.*

Du siehst, dass ich im Französischen nur *qui* verwende, während das Deutsche der, die oder das braucht.

Es ist also egal, ob das Fürwort sich auf ein männliches, ein weibliches Wort, eine Person oder eine Sache in der Einzahl oder in der Mehrzahl bezieht: Sobald es **Subjekt** des Satzes ist, heißt es ***qui***.

Auch wenn man nur *qui* verwendet, bedeutet das nicht, dass es nur eine Personalform gibt! Hier muss man schon unterscheiden, wen das *qui* vertritt bzw. für wen es steht!

J'attends mes parents **qui arrivent** *à midi.*

Ich warte auf meine Eltern, die zu Mittag ankommen.

J'achète un cadeau pour mon père **qui fête** *son anniversaire.*

Ich kaufe ein Geschenk für meinen Vater, der Geburtstag hat.

Bezügliche Fürwörter – *qui*

Ist das bezügliche Fürwort **Subjekt** des Gliedsatzes, steht im Französischen immer *qui*. *Qui* vertritt männliche oder weibliche Wörter, die in der Einzahl oder in der Mehrzahl stehen, Personen oder Dinge sind.

C'est Mimi	**qui**	est mon amie.
J'attends Finver	**qui**	arrive à midi.
J'attends mes parents	**qui**	arrivent aussi.
Ils ont une voiture	**qui**	est vieille.

Verbinde die zwei Sätze zu einem Satzgefüge (Haupt- und Gliedsatz), indem du *qui* verwendest:

1. Mes parents arrivent. Ils sont en retard. (Sie haben sich verspätet.)
   Mes parents, qui sont en retard, arrivent.
2. J'ai préparé des steaks. Ils sont froids maintenant.
   J'ai préparé des steaks qui sont froids maintenant.

3. Les Dupont arrivent aussi. Ils sont nos voisins.
4. Ils ont une fille. Elle s'appelle Claudine.
5. Elle est élève dans un collège. Le collège se trouve à Rennes.
6. Elle joue souvent avec Susi et Klaus. Ils viennent de Munich.
7. Les parents de Susi et Klaus travaillent à Rennes. Ils sont professeurs de langues.
8. Nos parents s'entendent bien. Ils sont du même âge.
9. Nous, les enfants, on se voit souvent à la MJC. La MJC, c'est un centre de loisirs.

10. J'aime bien aller à la MJC. La MJC offre des activités aux jeunes.

M. Ver: Ich glaube, ich sehe nicht recht!

| Ist das *Finver*, | **den** | ich sehe? | Ist das mein Auto, | **das** | er aufsperrt? |
| *C'est Finver* | **que** | *je vois?* | *C'est ma voiture* | **qu'** | *il ouvre?* |

Halt! Finver, du hast keinen Führerschein! Nicht wegfahren!

Finver: Ich fahre doch nicht weg. Beruhige dich!
Erkläre lieber, wieso du **in beiden Sätzen *que*** verwendet hast!

M. Ver: Na gut, aber lass die Finger von meinem Auto! Also, es ist so: In den beiden Gliedsätzen („den ich sehe" und „das er aufsperrt") ist das bezügliche Fürwort nicht das Subjekt des Gliedsatzes, sondern das Objekt, und zwar das **Objekt im 4. Fall**. („Wen/Was sehe ich? **Den!**" – „Wen/Was öffnet er? **Das!**")

Wie du schon weißt, entspricht das „Objekt im 4. Fall", also das Akkusativobjekt, dem **direkten Objekt** im Französischen.

! Daher kannst du folgende Regel ableiten:
Ist das bezügliche Fürwort das **direkte Objekt** des Gliedsatzes, so verwendet man ***que***, wobei dieses *que* wieder männliche oder weibliche Personen oder Dinge in der Einzahl oder Mehrzahl vertritt.

Das ist Mimi,	**die**	ich liebe?	→	*Voilà Mimi*	**que**	*j'aime.*
Es ist Finver,	**den**	ich suche.	→	*C'est Finver*	**que**	*je cherche.*
Das ist das Haus,	**das**	er kauft.	→	*C'est la maison*	**qu'**	*il achète.*
Das sind Freunde,	**die**	ich einlade.	→	*Ce sont des amis*	**que**	*j'invite.*

K

Bezügliche Fürwörter – *que*

Ist das bezügliche Fürwort **direktes Objekt** des Gliedsatzes, verwendet man im Französischen ***que***. *Que* vertritt männliche oder weibliche Personen oder Sachen in der Einzahl oder Mehrzahl.

Beginnt das folgende Wort mit einem **Vokal**, fällt das e weg, und übrig bleibt ***qu'***.

C'est Mimi	**que**	*j'aime.*
C'est une amie	**que**	*mes parents aiment aussi.*
Elle a une voiture	**qu'**	*elle veut vendre.*

TIPP Wenn du nicht weißt, ob du *qui* oder *que* verwenden sollst, schau, ob der Satz, den es einleitet, schon ein Subjekt hat. Hat er eines, kann nur mehr *que* gehören! Hat er keines, musst du *qui* einsetzen!

*C'est Finver **qui** parle beaucoup.* (. . ., **der** viel spricht.)
 (kein Subjekt → **qui**)

*C'est Finver **que** j'aime bien.* (. . ., **den** ich gern habe.)
 (Subjekt = j(e) → **que**)

*J'attends Mimi **qui** est mon amie.* (. . ., **die** meine Freundin ist.)
 (kein Subjekt! → **qui**)

*J'attends Mimi **que** Finver aime aussi.* (. . ., **die** Finver auch mag.)
 (Wen mag *Finver* auch? → *Finver* = Subjekt → **die** = **que**)

*J'attends Mimi **qui** aime Finver aussi.* (. . ., **die** Finver auch mag.)
 (Wer mag *Finver* auch? → **die** = Subjekt → **qui**)

Worin besteht der Unterschied in den letzten zwei Sätzen?
Im Deutschen gibt es keinen! Im Französischen steht das **Subjekt vor der Personalform**! Daher ist im ersten Satz Finver der, der etwas tut, im zweiten Satz ist es Mimi.

qui oder *que* – das ist hier die Frage!
Suche das Subjekt des Relativsatzes! Gibt es keines, fehlt *qui*!

1. C'est M. Ver _____ t'explique le français.

2. Il écrit un livre _____ on peut acheter.

3. C'est un prof _____ est vraiment bon.

4. Il a un ami _____ tu connais déjà.

5. Il a une copine _____ s'appelle Mimi.

6. Elle a un job _____ M. Ver n'aime pas.

7. Elle est mannequin _____ fait des défilés de mode.

8. Elle présente des robes _____ sont très belles.

9. Ce sont des robes _____ plaisent aux femmes.

10. Ce sont des robes _____ les femmes aiment acheter.

11. Les robes, _____ Mimi présente, sont vraiment chic.

Verbinde die Sätze mit Hilfe von *qui* oder *que*.

1. Je regarde une jeune fille. Elle vend des fleurs.
   Je regarde une jeune fille **qui** vend des fleurs.
2. J'achète des fleurs. Mimi aime les fleurs.
   J'achète les fleurs **que** Mimi aime.

3. Les élèves logent dans des familles. Elles habitent Cannes.
4. Pierre habite chez Madame Levy. Elle a deux filles.
5. Madame Levy a une maison. On ne trouve pas cette maison en Allemagne.
6. Elle a une maison. Son mari aime beaucoup cette maison.
7. Ils ont une grande maison. Elle se trouve tout près de la mer.
8. Les deux aiment inviter les voisins. Ils viennent de Munich.
9. Mme Levy cherche un cadeau pour sa voisine. Elle fête son anniversaire.

10. Elle trouve un cadeau. La voisine aime beaucoup ce cadeau.

 Übersetze.
Wenn du Probleme mit den Vokabeln hast, überlege zuerst nur, ob *qui* oder *que* verwendet werden muss. Dann suche die Sätze, die du schon schaffen solltest, und trau dich drüber!

1. Sie haben ein Haus gekauft, das sehr klein ist.
2. Sie haben einen großen Garten, den die Kinder lieben. *(le jardin)*
3. Die Familie, die Pierre eingeladen hat, ist sehr nett.
4. Der Vater macht oft Crêpes, die Pierre sehr gerne isst.
5. Am Abend trinkt er immer Pastis, den er auch Pierre anbietet.
6. Aber Pierre, der nie Alkohol trinkt, nimmt nichts davon. (einfacher: „nimmt ihn nicht" oder „nimmt keinen Pastis")
7. Er bevorzugt ein Glas Orangensaft, der kalt sein soll.
8. Am Abend spielt Pierre mit den Kindern, die er sehr nett findet.
9. Sie erzählen ihm Geschichten, die sehr lustig sind. *(drôle)*
10. Manchmal versteht er die Geschichten, die die Kinder auf Französisch erzählen, nicht.

DIE ÜBEREINSTIMMUNG DES MITTELWORTES – L'ACCORD DU PARTICIPE PASSE – ZUSAMMENFASSUNG

Finver: Aber . . .

M. Ver: Ich weiß, was du sagen willst! Du möchtest fragen, was denn diese Überschrift im Großkapitel „Pronomen" zu tun hat!
Prinzipiell nichts, denn die Übereinstimmung des Mittelwortes müsste im Kapitel „Verben" behandelt werden. Aber jetzt erst, nachdem wir auch das Relativpronomen *que* besprochen haben, kann ich eine Zusammenfassung aller Regeln zur Übereinstimmung anbieten!

Übereinstimmung des Mittelwortes der Vergangenheit – *L'accord du participe passé*

Das *p. p.* wird übereingestimmt, wenn das *passé composé* eines Verbes mit *être* abgewandelt wird:
Dies ist der Fall bei

☆ **aller, arriver, descendre, devenir, entrer, monter, partir, rentrer, rester, retourner, revenir, sortir, venir**
Hier wird das *participe* mit dem Subjekt des Satzes übereingestimmt!

je suis allé(e)	*nous sommes devenu(e)s*
tu es arrivé(e)	*vous êtes entré(e)(s)* (auch Anredefürwort!)
elle est descendue	*ils sont devenus*
	elles sont montées

☆ **den rückbezüglichen Verben**

je me suis amusé(e)	*nous nous sommes ennuyé(e)s*
tu t'es lavé(e)	*vous vous êtes appelé(e)(s)*
elle s'est levée	*ils se sont habillés*
	elles se sont couchées

! Wenn das rückbezügliche Fürwort nicht *objet direct* ist, sondern *objet indirect*, weil hinter dem Verb ein anderes *objet direct* folgt, so wird nicht übereingestimmt!

Sie hat sich	die Haare gewaschen.
Wem?	Wen/was?
*Elle **s**'est lavé*	**les cheveux**. (objet direct!)

REGEL 2

Das *p. p.* wird übereingestimmt, wenn sich ein *objet direct* (vgl. 4. Fall) vor dem Verb befindet! Das *p. p.* wird dann mit diesem Objekt übereingestimmt, auch wenn das *passé composé* des Verbes mit *avoir* gebildet wird.

Dieses *objet direct* kann vor dem Verb stehen

a) als Objektvertreter *(me, te, le, la, nous, vous, les)*

Alain	m'	a	vu(**e**)	(*me* = Einzahl männlich oder weiblich)
Alain	t'	a	vu(**e**)	(*te* = Einzahl männlich oder weiblich)
Alain	l'	a	vu	(*l'* = *le* = Einzahl männlich)
Alain	l'	a	vu**e**.	(*l'* = *la* = Einzahl weiblich)
Alain	nous	a	vu(**e**)**s**	(*nous* = Mehrzahl männlich oder weiblich)
Alain	vous	a	vu(**e**)(**s**)	(*vous* = Mehrzahl männl. oder weibl.; Anrede)
Alain	les	a	vu(**e**)**s**	(*les* = Mehrzahl männlich oder weiblich)

b) als Relativpronomen *que*

Voilà **le livre**	que j'ai acheté
Voilà **la voiture**	que j'ai achet**ée**
Voilà **les livres**	que j'ai acheté**s**
Voilà **les voitures**	que j'ai achet**ées**

c) in Fragesätzen als Nomen, das durch *quel (quelle, quels, quelles)* (welch,-e, -er, -es) oder *combien* (wie viel) eingeleitet wird

Quel livre	est-ce que	tu as acheté?
Quelle voiture	est-ce que	tu as achet**ée**?
Quels livres	est-ce que	tu as acheté**s**?
Quelles voitures	est-ce que	tu as achet**ées**?
Combien de livres	est-ce que	tu as acheté**s**?
Combien de voitures	est-ce que	tu as achet**ées**?

Setze den Infinitiv ins *p. p.* und stimme dieses richtig überein.
1. Les lettres, je les ai déjà (écrire). → **écrites.**
2. Où sont les pommes que tu as (acheter)?
3. Combien de verres est-ce que tu as (trouver)?
4. Nicole et moi, nous sommes (rester) à la maison.
5. Tu me montres la photo que tu as (faire)?
6. Quels livres est-ce que tu as (prendre)?
7. Combien de filles est-ce que tu as (inviter)?
8. Les deux Anglais, tu les as (voir)?
9. Jean et Nadine se sont (lever) trop tard.
10. Quelles boissons est-ce que Papa t'a (offrir)?
11. Tu cherches Yvette? Je l'ai (rencontrer) au café!
12. L'année dernière, ils sont souvent (sortir) ensemble.
13. Voilà la voiture que mon père m'a (donner).
14. Où est la viande? Vous l'avez (manger)?
15. Voilà la jupe qu'elle a (choisir).

 Übereinstimmung oder nicht?
Setze die folgenden Sätze ins *passé composé*.

1. Elle (regarder) la revue que son mari (acheter).
2. Où est la mousse au chocolat? Muriel l(a) (manger)?
3. Les élèves (ne pas comprendre) les questions du prof. Il les (poser) une deuxième fois.
4. Combien de croissants est-ce que tu (acheter)?
5. Où sont les croissants? Tu les (oublier) à la maison?
6. Nous (aller) au bar où nous (boire) deux cognacs.
7. Les billets, Pilou! Tu les a (prendre)?
8. Elle (lire) les phrases que le prof (écrire) au tableau.
9. Hier, Véronique (rentrer) de l'école avec un gros mal de tête. Elle (devoir) se coucher.
10. Combien d'heures est-ce que tu (attendre)?
11. Hier, nous (nager) plus d'une heure. Après, nous (se coucher) tout de suite.
12. Quel appartement est-ce que tes parents (choisir)?
13. Je n'aime pas les gâteaux que ma mère (apporter).
14. Monsieur, vous (venir) de New York? J'y (être) deux fois.
15. Quelle porte est-ce que tu (ouvrir)?

BESITZANZEIGENDE FÜRWÖRTER – POSSESSIVPRONOMEN – *LES ADJECTIFS POSSESSIFS*

Dieses Kapitel ist in drei Teile geteilt:
☆ Zuerst geht es um einen einzelnen Besitzer;
☆ dann geht es um mehrere Besitzer;
☆ zuletzt üben wir noch die unterschiedlichen Möglichkeiten, „Ihr/ihr/ihre" zu übersetzen.

TIPP Lass dir Zeit beim Verstehen und Üben! Gehe erst zum zweiten und dritten Teil des Kapitels, wenn du die Übungen davor beherrschst!
Verliere nicht die Geduld dabei! Und schon gar nicht deine Nerven!

MEIN, DEIN, SEIN, IHR

M. Ver: *Salut, Finver, ça va?* Ich komme gerade vom Winterschlussverkauf und habe tolle Dinge erstanden. Ich zeige sie dir:

☆ MON/MA/MES

Ich habe einen neuen Hut:
Das ist jetzt **mein** Hut!
C'est **mon** *chapeau!*
Hier ist **meine** neue Krawatte:
C'est **ma** *cravate!*
Und das sind **meine** neuen Socken:
Ce sont **mes** *chaussettes!*

Denk dran! Diese Dinge gehören **mir**!
Aber ich habe natürlich auch an dich gedacht, alter Freund: Hier sind **dein** neuer Pulli, **dein** neues Hemd und **deine** neuen Schuhe!

☆ TON/TA/TES

Voilà **ton** *pullover,*
ta *chemise et* **tes** *chaussures!*
Diese Sachen gehören **tir**,
oh pardon, **dir** natürlich!

Toi: Schön, dass Sie so hübsche Dinge gefunden haben! Ich kann mir übrigens auch schon vorstellen, wie die besitzanzeigenden Fürwörter funktionieren:

TIPP Wenn etwas **mir** gehört, beginnt das Fürwort mit **m**.
mon heißt das Fürwort, wenn das, was mir gehört, männlich ist.
(Z. B. *mon père* – mein Vater)
ma heißt das Fürwort, wenn das, was mir gehört, weiblich ist.
(Z. B. *ma mère* – meine Mutter)

mes verwende ich, wenn ich mehrere „Dinge" habe, wobei es gleichgültig ist, ob die Dinge weiblich oder männlich sind.
(Z. B. *mes parents* – meine Eltern)

Mir ist klar, dass meine Eltern keine „Dinge" sind, aber es ist einfacher, den „Besitz", um den es geht, als „Ding" zu bezeichnen!

Genauso funktioniert's, wenn etwas **dir** gehört:
Die Fürwörter heißen dann
ton   wenn dein Besitz männlich ist,
ta   wenn er weiblich ist,
tes   wenn mehrere „Dinge" dir gehören.

M. Ver: Super! Das hast du durchschaut! Ich muss dich aber darauf hinweisen, dass du dir **unbedingt merken** musst, dass sich bei uns im Französischen **das besitzanzeigende Fürwort in Geschlecht und Zahl nach dem „Ding" richtet, das „besessen" wird**, das heißt nach dem Nomen, vor dem es steht!

Warum das so wichtig ist, zeige ich dir im nächsten Beispiel:

Stell dir vor, meine Eltern kommen zu Besuch, mein Vater hat ein neues Auto und einen neuen Mantel, meine Mutter einen neuen Hut und ein neues Motorrad.

Mein Vater sagt stolz:
*C'est **ma** voiture et c'est **mon** manteau.*

Meine Mutter meint:
*C'est **mon** chapeau et c'est **ma** motocyclette.*

☆ SON/SA/SES

Erzähle ich später Finver von all den Errungenschaften, sage ich

sein Auto   *-sa voiture* (weiblich)
sein Mantel   *-son manteau* (männlich)
ihr Hut   *-son chapeau* (männlich)
ihr Motorrad   *-sa motocyclette* (weiblich)

Ganz schön kompliziert?

! Die Verwirrung entsteht meist durch den Versuch, das deutsche Fürwort ins Französische zu „übersetzen", wobei man dann vergisst, dass „**sein(e)**" sowohl ***son*** als auch ***sa*** heißen kann, weil sich das Fürwort nach dem Geschlecht des Besitzes richtet!
Genauso kann „**ihr(e)**" ***son*** oder ***sa*** heißen.

Zum Glück gibt es nicht so große Probleme, wenn einer der beiden mehrere Dinge besitzt,
mein Vater z. B. Krawatten: *Ce sont **ses** cravates,*
meine Mutter z. B. Hüte: *Ce sont **ses** chapeaux.*

K

TIPP

Besitzanzeigende Fürwörter – Besitzer in der Einzahl			
Im Französischen richten sich die „*adjectifs possessifs*" in ihrer Form nach dem Geschlecht des Hauptwortes, das „besessen" wird!			
Beim Vokabellernen die Artikel mitlernen!			
	Besitz in der **Einzahl**		**Besitz** in der **Mehrzahl**
Besitzer in der **Einzahl**	**mon** père (mein Vater)	**ma** mère (meine Mutter)	**mes** parents (meine Eltern)
	ton père (dein Vater)	**ta** mère (deine Mutter)	**tes** parents deine Eltern)
	son père (sein Vater) (ihr Vater)	**sa** mère (seine Mutter) (ihre Mutter)	**ses** parents (seine Eltern) (ihre Eltern)

Beantworte die Fragen, verwende das passende besitzanzeigende Fürwort:

1. Est-ce que c'est la voiture de ton père? Oui, c'est ___*sa*___ voiture.

2. Ce sont les parents de ta mère? Oui, ce sont ___*ses*___ parents.

à toi

3. Pierre, qui est-ce? Tu as une soeur? Oui, c'est _____ soeur.

4. Elle s'appelle comment? _____ nom est Yvonne.

5. Tu as encore d'autres soeurs? Oui, _____ soeurs s'appellent Anne, Cécile et Marie.

6. Marie, elle est jolie? Oui, _____ cheveux sont longs et blonds et _____ taille est parfaite.

7. Elle a des enfants? Oui, _____ fille a 12 ans, _____ fils a 10 ans.

8. Pierre, où est _____ femme? Elle est dans _____ bureau?

9. Non, elle est chez _____ cousine, Isabelle Savon.

P

10. Madame Savon a des problèmes avec _____ mari.

Übersetze.

1. meine Eltern, mein Bruder, meine Schwester, meine Schallplatten, meine Kassette, mein Land, mein Zimmer
2. deine Kassetten, deine Schallplatte, deine Zimmer, deine Brüder, deine Schwester, deine Autos, deine Familie
3. sein Zimmer, ihre Mutter, sein Vater, seine Frau, ihr Mann, ihre Tochter, seine Tochter, seine Töchter, ihre Autos, ihr Bus, sein Zug, seine Schwester, ihre Schwestern, ihre Familie, seine Familien

Gleich noch eine Einsetzübung.

1. Tu cherches des disques? Voilà **tes** disques.
2. Elle a des billets. Voilà **ses** billets.
3. J'ai une voiture. C'est _____ voiture.
4. Cette chemise est à Isabelle. C'est _____ chemise.
5. Il écrit un roman. C'est _____ roman.
6. Elle a une maison. C'est _____ maison.
7. Le café est à Pierre. C'est _____ café.
8. Les voitures sont à moi. Ce sont _____ voitures.
9. Tu cherches une serviette? Voilà _____ serviette.
10. Ces livres sont à Paul? Ce sont _____ livres.

AUSNAHME AUSNAHME AUSNAHME AUSNAHME

Wenn ein weibliches Wort mit einem Vokal beginnt, verwendet man die männliche Form des besitzanzeigenden Fürwortes!
Nenne ich z. B. Finver „meinen Freund", sage ich *C'est mon ami.*
Wenn ich aber von Mimi rede,
so darf ich mir erlauben,
sie „meine Freundin" zu
nennen . . . Ich sage aber
trotzdem **„*mon a*mie"**,
eben weil die Bezeichnung
für das, was ich ganz
schüchtern mein Eigen
nennen darf, mit einem
Selbstlaut beginnt . . . *mon amie* . . .

115

Besitzanzeigende Fürwörter

Beginnt das Nomen, das „besessen" wird, mit einem **Vokal**, so steht in jedem Fall die männliche Form des besitzanzeigenden Fürwortes! Auch, wenn das Nomen selbst weiblich ist.

mon **a***mie* (meine Freundin)
ton **é***cole* (deine Schule)
son **i***nformation* (seine/ ihre Information)

Finde die passenden Pronomen!
1. **J'**achète des pommes. Ce sont **maintenant mes pommes.**
2. **Il** achète une côtelette. C'est **sa côtelette.**
3. **Elle** cherche des carottes et des abricots. Où sont . . . ?
4. **Il** cherche une assiette. Où est . . . ?
5. **Je** ne trouve pas la moutarde! Qui a . . . ?
6. **Il** me montre des disques. Ce sont . . .
7. **Elle** fête un anniversaire! C'est . . . ?
8. **Tu** cherches des abricots? Voilà . . .
9. Qui veut manger une omelette? **Pierre**? Voilà . . .
10. **Yvette** cherche un appareil photo. Qui a vu . . . ?
11. **Mon père** ne trouve plus la clé. Qui a vu . . . ?
12. **Ma mère** cherche les photos de mon père. Où sont . . . ?

Nun etwas zum Übersetzen.
1. Entschuldigen Sie, ich warte auf mein Kotelett und meinen Salat! *(la côtelette, la salade)*
2. Mein Steak ist kalt! *(le steak)*
3. Wo sind dein Messer und deine Gabel? *(le couteau, la fourchette)*
4. Ich liebe meine Mutter. Ihre Kuchen sind die besten! *(le gâteau)*
5. Ich gehe gern zu Alain. Ich liebe seine exotischen Desserts und seine Vorspeisen! *(adorer, le dessert, l'entrée [,f])*
6. Trinkst du deinen Wein noch? Und dein Mineralwasser?
7. Ich mag meinen Fisch heute nicht. *(apprécier, le poisson)*
8. Madame Gibert kauft ihre Früchte im Supermakt, ihr Fleisch jedoch auf dem Markt. *(le fruit, la viande)*
9. Schau den Koch an! Er sucht seine Tomate, die auf den Boden gefallen ist! *(le cuisinier, la tomate, par terre)*
10. Meine Tochter kann nur mit ihrem Löffel essen, und sie wirft noch oft ihr Glas oft um. *(la cuillière, renverser)*
11. Wo ist meine Flasche Rotwein? *(la bouteille de vin rouge)*
12. Da ist Monsieur Thomas. Ich kaufe immer seinen Rosé! *(le rosé)*
13. Der Chef bietet seinem Gast seine Weine an. *(proposer, le client)*
14. Sie nimmt sich für ihr Frühstück viel Zeit. *(le petit déjeuner)*

NILPFERD

**Du kannst dich nicht mehr konzentrieren?
Du sitzt schon viel zu lange bei deinen Hausaufgaben?**

Tanke wieder Energie:
Du stehst, die Beine sind hüftbreit auseinander, die Füße zeigen gerade nach vorne. Die Knie sind gebeugt und leicht federnd. Du schwingst nun die gestreckten Arme abwechselnd nach vorne und hinten.
Achte darauf, dass der Arm vorne und der Arm rückwärts mit den Schultern eine Linie bilden.

**Dauer der Übung:
50-mal mit jedem
Arm nach vorne**

UNSER, EUER, IHR, UNSERE, EURE, IHRE

Ich habe eben Fotos von meiner Chinareise angeschaut und ein paar nette entdeckt. Ich werde sie dir zeigen!

☆ *NOTRE/NOS*

Da hatten wir erst einen Hut: Hier hatten wir schon zwei.

Das war also **unser** Hut. Es waren nun **unsere** Hüte:
C'est **notre** chapeau. Ce sont **nos** chapeaux.

Bevor wir noch mehr Fotos ansehen, erkläre ich dir die Regel:
Besitzen Finver und ich, also **wir**, gemeinsam nur ein Ding, verwendet man das Wort **notre**. Unser Besitz steht in der Einzahl!
(unser Haus: *notre maison*; unser Auto: *notre voiture*)

Haben wir jedoch mehrere Dinge, ist unser Besitz also ein Wort in der Mehrzahl, verwendet man das Wort **nos**.
(unsere Freunde: *nos amis*; unsere Photos: *nos photos*)

Finver: Oh, da sind Mimi und du! Da habt ihr auch nur einen Hut! Und auf dem Bild daneben hat jeder von euch einen Hut!

☆ *VOTRE/VOS*

Das ist **euer** Hut! Das sind **eure** Hüte!
C'est **votre** chapeau! Ce sont **vos** chapeaux!

M. Ver: Ich nehme an, du weißt schon, wie diese Worte zustande kommen:
Wenn „euch" ein Ding gehört, verwendet man **votre**,
wenn „euch" mehrere Dinge gehören, verwendet man **vos**.

Meinen Eltern brachten wir ebenfalls zwei Chinesenhüte mit, und auch von ihnen existieren zwei Bilder:

☆ LEUR/LEURS

Das ist **ihr** Hut.
C'est **leur** chapeau.

Das sind **ihre** Hüte.
Ce sont **leurs** chapeaux.

Wenn ihnen nur ein Ding gehört, dann verwendet man **leur**, wenn ihnen mehrere Dinge gehören, verwendet man **leurs**.

	Besitzanzeigende Fürwörter – Besitzer in der Mehrzahl	
	Besitz in der Einzahl	**Besitz** in der Mehrzahl
Besitzer in der **Mehrzahl**	**notre** père, **notre** mère (unser Vater, unsere Mutter)	**nos** parents (unsere Eltern)
	votre père, **votre** mère (euer Vater, eure Mutter)	**vos** parents (eure Eltern)
	leur père, **leur** mère (ihr Vater, ihre Mutter)	**leurs** parents (ihre Eltern)

Anrede
Ist man mit jemandem „per Sie", verwendet man im Deutschen die großgeschriebenen Anredefürwörter (Ihr Auto, Ihre Frau etc.), im Französischen aber die Fürwörter der 2. Person Mehrzahl!
*Ah, vous êtes M. Gibert! C'est **votre** voiture? Et ce sont **vos** enfants?*
Ah, Sie sind Herr Gibert! Ist das **Ihr** Auto? Sind das **Ihre** Kinder?

Es gibt auch eine „Eselsbrücke"! Sieh dir die Objektvertreter an:

1. Fall	3. Fall	4. Fall
je	**m**e (mir)	**m**e (mich)
tu	**t**e (dir)	**t**e (dich)
il/elle	**l**ui (ihm/ihr)	**l**e/**l**a (ihn/sie)
nous	**n**ous (uns)	**n**ous (uns)
vous	**v**ous (euch/Ihnen)	**v**ous (euch/ Sie)
ils/elles	**l**eur (ihnen)	**l**es (sie)

Vergleiche die Liste mit den besitzanzeigenden Fürwörtern:

gehört etwas	**mir**,	beginnt das Wort mit	**M** (mon, ma, mes)
	dir,	beginnt das Wort mit	**T** (ton, ta tes)
	ihm /ihr,	beginnt das Wort mit	**S** (son, sa ses)

(Das passt zwar nicht zu den Objektvertretern, man kann es sich aber leicht merken, wenn man weiß, dass etwas, was ihm gehört, also **sein** ist, mit **s** beginnt!)

gehört etwas	**uns**,	beginnt das Wort mit	**N** (notre, nos)
	euch/ Ihnen,	beginnt das Wort mit	**V** (votre, vos)
	ihnen,	beginnt das Wort mit	**L** (leur, leurs)

 Möchtest du das richtige Fürwort finden, überlege
1. **wem etwas gehört** – dann setzt du den richtigen Anfangsbuchstaben;
2. ob der **Besitz in der Einzahl oder in der Mehrzahl** steht.

☆ Steht der Besitz in der **Mehrzahl**, setzt du zunächst das *s* als letzten Buchstaben des Fürworts. Den Rest des Wortes zu finden, dürfte nicht mehr schwer sein. *(mes, tes, ses, nos, vos, leurs)*

☆ Steht der Besitz in der **Einzahl** und gehört er auch nur **einem Besitzer**, musst du noch wissen, ob er weiblich oder männlich ist, je nachdem setzt du **-on** oder **a** *(mon, ma, ton, ta, son, sa)*.

☆ Steht der Besitz in der **Einzahl**, gehört er jedoch **mehreren Besitzern**, hängst du an den Anfangsbuchstaben *n* oder *v* nur mehr **-otre** *(notre, votre)*, an das *l* jedoch ein **-eur** *(leur)*.

 Versuchen wir das einmal mit einigen Übungssätzen!
1. *Je cherche . . . sac.* Der Besitzer bin ich → **m . . .**
   sac ist Einzahl und männlich → **-on** → *Je cherche* **mon** *sac.*
2. *Mes amies ne trouvent pas . . . photos.* Die Besitzer stehen in der 3. Person Mehrzahl → **l . . .**
   Der Besitz (photos) steht in der Mehrzahl → **- . . . s**
   Mes amies ne trouvent pas **leurs** *photos.*

3. Nous prenons . . . apéritif chez Pierre.
4. Il aime inviter . . . amis.
5. Il nous présente aussi . . . femme.
6. Ils ont une grande maison. . . . maison est très belle.
7. Et . . . voitures sont assez chères.
8. Les Gibert ont quatre enfants. Ils disent: Nous aimons . . . enfants.
9. Vous arrivez ce soir? Vous apportez . . . photos de New York?
10. Et vous, Madame Giovannini? Vous arrivez avec . . . mari?
11. Marie vient chez moi avec . . . copain et . . . soeur, Patricia.
12. Elles habitent près de chez moi, ce sont . . . voisines.

Beantworte die Fragen.

Das Geschlecht des „Dinges", das besessen wird, erkennst du an der Form des hinweisenden Fürwortes! *Ce*: männl. Ez.; *cette*: weibl. Ez.; *cet*: männl. Ez., Wort beginnt mit Vokal; *ces*: männl. oder weibl. Mz.

1. Ce livre est à toi? Oui, c'est **mon** livre.
2. Cette voiture est à Paul et Marie? Oui, c'est **leur** voiture.
3. Ces assiettes sont pour nous? Oui, . . .
4. Cette maison est à vous, Madame Gibert? Oui, c'est . . .
5. Ce jouet est à vous, les enfants? Oui, . . .
6. Ces cassettes sont à vous, Monsieur? Oui, . . .
7. Ces disques sont à toi? Oui, ce sont . . .
8. Ces chaussures sont à Paul? Oui, . . .
9. Ce vélo est à eux? Oui, . . .
10. Cette assiette est à Eric? Oui, . . .
11. Ces livres sont à vous? Oui, . . .
12. Ces pommes sont à nous? Oui, . . .
13. Ce cadeau est pour moi? Oui, . . .
14. Cette jupe est à Laurence? Oui, . . .
15. Ce sont tes enfants? Oui, . . .

Welche besitzanzeigenden Fürwörter passen?

1. Tiens! Bonjour, Yvonne! Tu vas bien?
2. Salut, Marie! Je te présente . . . mari, Pierre.
3. Bonjour, Pierre. Dites, où est . . . fils?
4. Maurice est chez . . . amis Nicolas et Yvette. . . . parents ont une maison à Grasse. Et ils aiment bien . . . fils.
5. Et . . . mère? Elle a encore . . . maison à Cannes?
6. Non, elle habite maintenant chez . . . soeurs. Tu sais, elles ne sont pas mariées et elles ont une petite maison de campagne. Elles adorent . . . maison!
   Et vous? Vous habitez encore dans . . . appartement près de la mer? Et . . . chiens? Ils ont quel âge?
7. . . . chiens ont 12 ans! Et nous avons encore . . . appartement. Nous en sommes encore très contents.
   Alors, on dîne ensemble, dimanche soir?
8. Non, ce n'est pas possible, nous allons chez . . . amis, les Gibert. Mais lundi, on a le temps!
9. D'accord! On se voit lundi!
10. D'accord. Au revoir!

Und welche passen hier? (Die beiden sind per Sie!)

1. Bonjour, Madame Giovannini! Vous allez bien?
2. Bonjour, Monsieur Gibert! Merci, je vais bien, mais . . . mari est malade. Il a la grippe. Et je vais chez . . . médecin.
3. Qui est . . . médecin?
4. C'est Monsieur Martin. Il a . . . cabinet 22, rue de Nice.
5. J'espère que . . . mari va se remettre rapidement.
   Et . . . enfants, ils habitent encore chez vous?
6. . . . fille est mariée. Mais . . . fils Alain et Joseph sont encore à la maison. Joseph va se marier en août et il va habiter chez nous aussi, avec . . . femme. Vous savez, . . . maison est assez grande.
   Alain est en train de chercher un appartement avec . . . petite amie. Les deux ne veulent pas habiter chez . . . parents.
7. Je le comprends très bien, . . . fils. Je n'aime pas habiter chez . . . parents non plus. Oh, voilà . . . femme qui arrive. Au revoir, Madame!
8. Au revoir, Monsieur Gibert!

 Schreib auch bei diesem Kapitel alle Fürwörter (in Tabellenform wie in deiner Kartei) auf ein **Lernplakat**! Du wirst staunen, wie leicht es dir bald fallen wird, die richtigen besitzanzeigenden Fürwörter zu finden!

IHR, IHRE

Bei diesen Pronomen kann man sich leicht irren! Man muss sich genau an den TIPP von Seite 120 halten.

☆ **Wir reden über „sie", die Frau . . .**
  (3. Person Einzahl)

Hier kommt Mimi mit
ihrem Motorrad,
ihrem neuen Hut und
ihrer Freundin. Außerdem hat sie
ihre Katzen mitgebracht!

Bei uns heißt das:

Voilà Mimi avec sa motocyclette:
Mimi ist die Besitzerin, daher beginnen alle Pronomen mit „s",
motocyclette ist weiblich → ***sa***
son chapeau: *chapeau* ist männlich → ***son***
son amie: *amie* ist weibl., beginnt aber mit einem Vokal → ***son***
ses chats: *chats* ist Mehrzahl → ***ses***

☆ **Wir reden über „sie", die Eltern ... (3. Person Mehrzahl)**

Oh, meine Eltern und **ihr** Auto, **ihr** Hund und **ihre** Hüte!
Ce sont **leur** voiture, **leur** chien et **leurs** chapeaux.

leur voiture:	Die Besitzer sind meine Eltern, also „sie"	→ „l"
	voiture ist (weiblich) Einzahl	→ **leur**
leur chien:	chien ist (männlich) Einzahl	→ **leur**
	(Du siehst, hier spielt das Geschlecht des Wortes keine Rolle!)	
leurs chapeaux:	chapeaux ist Mehrzahl	→ **leurs**

☆ **Wir reden mit jemandem, mit dem wir „per Sie" sind (2. Person Mehrzahl)**

Entschuldigen Sie! Ist das **Ihr** Hut? Und sind das **Ihre** Schuhe?
Fürwörter der höflichen Anrede → mit **großen Anfangsbuchstaben**!

❗ C'est **votre** chapeau? Et ce sont **vos** chaussures?

votre chapeau:	Der Besitzer (oder die Besitzer) ist (sind) jemand, mit dem (denen) ich „per Sie" bin	→ „v"
	chapeau ist Einzahl (männlich oder weiblich spielt keine Rolle)	→ **votre**
vos chaussures:	chaussures ist Mehrzahl	→ **vos**

Besitzanzeigende Fürwörter – ihr/ihre/Ihr/Ihre

ihr/ ihre: *son, sa, ses* (Besitzer in der 3. P. Einzahl)
ihr/ ihre: *leur, leurs* (Besitzer in der 3. P. Mehrzahl)
Ihr/ Ihre: *votre, vos* (Besitzer ist jemand, mit dem man „per Sie" ist → 2. P. Mehrzahl)

Welches Pronomen brauchst du in den folgenden Sätzen?
In der Übersetzung heißt jedes fehlende Wort „ihr(e)"!

1. Anne cherche _____ livre français et _____ lunettes.

2. Elle cherche aussi _____ ticket de bus.

3. Elle ne trouve pas _____ montre (weiblich) (ihre Uhr)

4. Heureusement elle sait toujours _____ adresse.

5. Madame Giovannini aime _____ enfants et _____ chiens.

6. Le matin, elle garde _____ petit-fils et _____ petite-fille

   pendant que _____ fille travaille.

7. Bonjour, Madame! Où sont _____ petits-enfants?

   _____ fille ne travaille plus?

8. Et vous avez encore _____ chiens?

9. Les petits-enfants de Rose aiment beaucoup _____ grand-mère.

10. Ils invitent aussi _____ amis.

11. Pardon, Mesdames? Vous cherchez _____ places? Les voilà!

12. Et vous, Monsieur? Vous êtes seul? Où est _____ femme?

13. Regarde les deux! C'est Madame Leroux avec _____ mari.

14. Donnez encore du vin à Alain. _____ verre est vide. (leer)

15. Les Dupont vont souvent au restaurant avec _____ fille.

Übersetze.

1. Da sind Marie und ihr Freund.
2. Die zwei zeigen mir ihr Auto. *(montrer)*
3. Wir fahren zu ihren Eltern (zu Maries Eltern!), die in ihrem Haus in Grenoble wohnen. (Das Haus gehört den Eltern!)
4. Monsieur, vergessen Sie Ihre Handschuhe *(les gants)* nicht!
5. Madame Leconte geht mit ihrem Mann ins Kino.
6. Madame Pillon, wissen Sie, dass Madame Léon mit Ihrem Mann ins Kino geht? (Achtung! Wem gehört der Mann? Anredefürwort!)
7. Meine Kinder suchen immer ihre Kassetten.
8. Sie finden ihren Kassettenrekorder nicht. *(le magnétophone)*
9. Meine Damen, wo sind Ihre Bücher?
10. Hat Fräulein Rose ihre Lektion gelernt?
11. Ist sie mit ihren Freundinnen am Strand?
12. Fräulein Rose, haben Sie Ihre Lektionen gelernt?
13. Fräulein Rose kommt mit ihren Freundinnen zu ihr.

Zwei Sätze für Mutige:

14. Da ist meine Mutter; ihre Freundinnen und Ihre Freundinnen zeigen ihr (der Großmutter) heute Ihr Auto, Monsieur Paul!
15. Herr und Frau Levy und ihre Kinder bringen ihr (der Mutter) ihren Hund, weil er bei ihr bleibt, wenn sie in Ihrem Haus sind.

Wie immer warten nun noch zwei Meisterübungen auf dich.

Da die erste Wiederholung nach dem Einprägen am stärksten wirkt, wiederhole das Kapitel in wenigen Tagen (z. B. anhand deiner Kartei) und löse erst danach die letzten Übungen! Aber lass dir bis zur ersten Wiederholung nicht viel Zeit, sonst hast du zu viel wieder vergessen!

Beim Wiederholen festigst du den Stoff. Ein heißer Tipp: **Abendwiederholung**. Das Gehirn lernt weiter, während du schon schläfst. Das funktioniert aber nur, wenn du nach der Abendwiederholung dein Gehirn mit nichts anderem mehr belästigst.

EXERCICE DU CHEF 1

Setze die richtigen besitzanzeigenden und bezüglichen Fürwörter ein.

1. C'est l'anniversaire de Julie _____ a 16 ans. Nous allons fêter _____ anniversaire chez _____ amis _____ habitent une petite maison au bord de la mer. Le père de Julie lui donne _____ cadeau: c'est un pull vert. Nous lui donnons _____ cadeau _____ nous avons fait nous-mêmes: c'est un album avec _____ photos. Julie regarde l'album et dit: Merci pour _____ cadeau.

2. Marina téléphone à _____ soeur _____ habite à Londres. _____ parents appellent aussi _____ fille à _____ bureau _____ se trouve près de Picadilly Circus. Les parents aiment parler à _____ filles _____ n'habitent plus chez eux.

3. Eric joue avec _____ chien _____ s'appelle Gargouille. C'est le surnom _____ lui ont donné _____ amis dans la Marine.

4. Il pleut. Les parents appellent _____ enfant _____ joue dehors avec _____ ballon. L'enfant rentre et mange _____ diner. Après, il joue avec _____ parents et _____ tante.

5. Finver, raconte-moi _____ rêve! – D'accord! _____ rêve, c'est de parler chinois sans effort! – Alors, voici le livre _____ tu dois lire!

6. Nous demandons à _____ prof les devoirs _____ nous devons faire. Nous suivons aussi _____ conseils.

AUSWERTUNG:

Du bekommst für jedes richtige Pronomen 1 Punkt (32 Punkte max.)
32–29 Punkte: Du kannst stolz sein auf dich!
28–25 Punkte: Wo sind die Fehler entstanden? Genauer sein!
24–21 Punkte: Da dürfte noch manches nicht klar sein! Finde heraus, was es ist, und beschäftige dich noch einmal intensiv damit!
20–17 Punkte: Irgendetwas scheint dir noch gröbere Probleme zu bereiten! Aber lass den Kopf nicht hängen, es wird schon!
16–... Punkte: Fest weiterüben und den Mut nicht verlieren!

EXERCICE DU CHEF 2

Setze die richtigen Fürwörter ein. Es können alle besprochenen vorkommen!

1. Anette, tu sors avec Nicolas et Pauline? – Non, je ne sors pas avec _____ . Je ne _____ aime pas tellement. Ils parlent toujours de _____ jobs et ils _____ ennuient.

2. Madame, vous avez été au marché aux puces avec _____ mari? Ce marché va _____ plaire. On _____ trouve beaucoup de vêtements _____ sont bon marché et d'une bonne qualité. Ce sont des vêtements _____ on peut recommander. Ah, vous ne savez pas où il est. Attendez, je vais _____ indiquer le chemin.

3. On sonne. Jeanne _____ lève et ouvre la porte. C'est M. Gérard, _____ voisin. Il _____ demande si elle a du sucre parce qu'il n' _____ a plus. Elle _____ _____ donne un kilo.

4. Véro va au supermarché. Quand elle _____ arrive, elle cherche _____ liste mais elle ne _____ trouve pas. Elle essaie de _____ souvenir: Il _____ faut du pain. Elle _____ prend un kilo. Puis elle achète un tas d'autres choses. Quand elle veut payer, elle ne trouve pas _____ porte-monnaie. Elle _____ a aussi oublié chez _____ . La dame à la caisse, _____ ne _____ connaît pas, ne _____ permet pas d'emporter les choses. A la maison, elle ne trouve pas la liste _____ elle a faite. Peu après, _____ fille arrive. Elle a fait les courses pour _____ mère avec la liste _____ était (war) sur la table de la cuisine.

AUSWERTUNG siehe Seite 126.
Du kannst wieder 32 Punkte erreichen.
Ein Trost für alle, die nur wenig Punkte haben: Die Übung ist schwer!

MUDRA ZUM GEHIRN EINSCHALTEN

**Dir fehlt die zündende Idee?
Du hast Angst, dass dir bei der Prüfung nichts mehr einfällt?
Dir fehlt die Motivation zum Lernen?**

Schalte dein Gehirn wieder ein:
Du legst die Daumenkuppen auf Ring- und Kleinfingernagel.
Halte diese Stellung mit beiden Händen gleichzeitig.
Das Mudra solltest du 6-mal täglich machen. Natürlich auch dann, wenn du dein Gehirn dringendst brauchst; vor einer Prüfung zum Beispiel.

Dauer der Übung: mindestens 4 Minuten

IV. DIE VERNEINUNG – LA NEGATION

Das findest du in diesem Kapitel:

☆ *ne . . . pas* – es geht um die **Grundregel**

☆ Nun verneinen wir **Infinitiv-**(Nennform-)**Konstruktionen**

☆ *ne . . . pas de* – das heißt **„kein/keine"**
Auch Ausnahmen werden besprochen

☆ Es wird komplizierter: Wir verneinen Sätze mit **mehrteiligem Prädikat** *(passé composé)*

☆ **Sätze mit Objektvertretern**:
in der Gegenwart (mit einteiligem Prädikat) und
in der Vergangenheit (mit mehrteiligem Prädikat)

☆ Es geht um die Verneinung in **Infinitiv-**(Nennform-)**Konstruktionen mit Objektvertretern**

☆ Zuletzt lernst du noch andere **„Verneinungswörter"** kennen:
ne . . . pas encore (noch nicht)
ne . . . jamais (nie)
ne . . . plus (nicht mehr)
ne . . . rien (rien ne . . .) (nichts)
ne . . . personne (personne ne . . .) (niemand)

GRUNDREGEL

M. Ver: *Commençons!*
Lass uns anfangen!

Toi: Ich will nicht!

M. Ver: *Dis-le en français!*

Toi: ?????

M. Ver: *On dit:*
JE NE VEUX PAS!

Etwas zu verneinen, ist ganz einfach. Du musst nur wissen, dass man für die Verneinung **zwei Teile** braucht, nämlich *ne* und *pas*.
Zwischen diese beiden Teile kommt das, was verneint werden soll – das Zeitwort (Verb). Genauer gesagt: **das abgewandelte Zeitwort (das konjugierte Verb)**, also die **Personalform**.

Ich zeige dir ein Beispiel:

*Tu fumes? Non, je **ne** fume **pas**!*

Die beiden Teile „rahmen"
also die Personalform ein!

Je	**ne**	travaille	**pas**.
Tu	**ne**	dors	**pas**.
Il	**ne**	lit	**pas**.

 Und wie immer gibt's auch hier die „Wegfallregel":

Beginnt das Verb mit einem Vokal, fällt das *e* vom *ne* weg.

Je n'aime pas le travail.

 | Verneinung |

Um einen Satz zu verneinen, brauche ich zwei Teile: *ne* und *pas*.
Diese beiden Teile rahmen die Personalform ein.
*Je **ne** fume **pas**.*
Beginnt die Personalform mit einem **Vokal**, fällt das *e* vom *ne* weg
*Je **n'a**ime **pas** le travail.*

Beantworte die Fragen. Achte auf die Personalformen.

1. Alex, tu fumes? Non, je **ne fume pas.**
2. Vous allez au café? Non, nous **n' allons pas au café!**
3. Eve, tu vas au café avec moi? Non, je . . . avec toi, mais avec Alex.
4. Avec Alex? Mais c'est le copain de Cathie! Non, ce . . . le copain de Cathie, c'est mon copain!
5. Marc, tu lis? Non, Maman, je . . ., je travaille!
6. Alors, tu apprends ton français? Non, je . . . mon français!
7. Qu' est-ce que vous faites ici? Vous cherchez le cinéma? Non Monsieur, nous . . . le cinéma, nous cherchons la discothèque.
8. Vous savez où elle est? Non, je . . . où elle est.
9. Dites, Pierre et Marc, vous comprenez tout? Non, nous . . .
10. Vos amis comprennent le problème? Non, ils . . .
11. Jochen, en Allemagne, il fait chaud en automne? Non, il . . .
12. Et en Autriche, on croit au Père Noel? Non, on . . .

VERNEINUNG VON INFINITIV-KONSTRUKTIONEN

Je ne peux pas manger!
Je ne peux pas dormir!
Je ne peux pas travailler!
Je suis malheureux! J'ai le coeur brisé.
(Ich habe ein gebrochenes Herz.)

Bist du auch von dieser Herzkrankheit befallen? Dann hör dir einige Chansons an oder geh spazieren! Du bist für heute entschuldigt!
Wenn dein Herz gesund ist oder für dich das Arbeiten die beste Therapie ist, schau dir die Sätze genauer an:

Ich **kann**	nicht	**essen**. →	Je	ne	**peux**	pas	**manger**.
Ich **kann**	nicht	**schlafen**. →	Je	ne	**peux**	pas	**dormir**.
Ich **kann**	nicht	**arbeiten**. →	Je	ne	**peux**	pas	**travailler**.

In jedem dieser Sätze gibt es zwei Zeitwörter! (*peux* + *manger*, etc.)
Denke kurz nach, warum nur das erste von **ne** und **pas** eingerahmt wird!

Das **konjugierte Verb** steht in der Mitte, und das ist ja **peux**!
manger ist die Nennform, die sich nicht ändert, wenn sich das Subjekt ändert.

M. Ver: *Je **ne veux pas** travailler.*

Finver: *Mais tu **ne dois pas** travailler si tu es triste.*
*Allons faire une promenade – tu **ne peux pas** rester dans ta chambre toute la journée!*

M. Ver: *D'accord . . .*

Finver: *Tu penses qu' elle va téléphoner?*

M. Ver: *Non, elle **ne va pas** téléphoner. Mais je **n'aime pas** parler d'elle.*

Kennst du schon alle Verben, die wir hier verwendet haben?

Modalverben { ***vouloir*** – wollen
devoir – müssen, sollen
pouvoir – können }

aller faire *quelque chose* – etwas tun werden
aimer faire *quelque chose* – etwas gerne tun

Weitere oft gebrauchte Verben, nach denen ein Infinitiv steht:

savoir faire *quelque chose* – etwas tun können (wissen!)
il faut faire *quelque chose* – man muss, es ist nötig, dass

Bei diesen Beispielen spricht man auch von „**Infinitiv-(Nennform-)Konstruktionen"**, weil man ein Verb in der Personalform mit einem Infinitiv (einer Nennform) kombiniert.

Das ist übrigens im Deutschen genauso:
Ich **will** nicht **arbeiten**.
　　↓　　　　↓
Personalform　Nennform

	Verneinung				
Bei Infinitiv-Konstruktionen rahmen **ne** und **pas** die **Personalform** ein, der Infinitiv steht danach.					
vouloir faire qc	Je	ne	veux	pas	travailler
devoir faire qc	Tu	ne	dois	pas	travailler
pouvoir faire qc	Je	ne	peux	pas	travailler
aller faire qc	Je	ne	vais	pas	travailler
aimer faire qc	Je	n'	aime	pas	travailler
savoir faire qc	Il	ne	sait	pas	parler français
il faut faire qc	Il	ne	faut	pas	travailler

Beantworte die Fragen. (Infinitiv-Konstruktionen!)

1. Eve, tu peux venir chez moi ce soir? Non, je **suis désolée, je ne peux pas venir chez toi ce soir.**

2. Est-ce que tu vas rester à la maison? Non, je . . .
3. Et bien, tu veux dire où tu vas? Non, je . . . Au revoir, Jean!
4. Salut, Corinne, salut, Louise, vous allez bien? Vous devez apprendre beaucoup ici, à Cannes? Non, nous . . .
5. Vous pouvez venir chez moi ce soir? Non, nous . . .
6. D'accord . . . Vous aimez danser la valse? Non, nous . . .
7. Vous savez danser la valse? Non, nous . . . Au revoir, Jean.
8. Salut, Isabelle, tu dois rentrer tout de suite? Non, je . . .
9. Alors, tu vas voir ton ami? Non, je . . .
10. Tu veux rester seule? Non, je . . ., on prend un verre au café!

Beantworte die Fragen.

1. Vous êtes d' ici ? Non, je . . ., je viens de Vienne.
2. Vous travaillez ici? Non, je . . ., j' apprends le français.
3. Et vos parents, ils sont aussi à Cannes? Non, ils . . .
4. Et vous allez rester tout l'été? Non, je . . .
5. Vous aimez Cannes en plein été (im Hochsommer)? Non, je . . ., il y a trop de touristes.
6. Vous pouvez revenir au printemps? Non, je . . .
7. Vous avez le temps de boire un petit coup? Non, je . . . Au revoir!
8. Monsieur Gérard rentre et demande à ses enfants:
Salut, les enfants, vous êtes seuls à la maison? Non, nous . . .
9. Et maman, elle est là? Non, elle . . .
10. Marc, tu vas jouer aux boules avec ton frère? Non, je . . .
11. Paul, tu as le journal d'aujourd' hui? Non, je . . .
12. Votre mère va arriver bientôt? Non, elle . . .
13. Mais où est-elle? Nous . . . (wissen es nicht)
14. On peut téléphoner à son amie! Non, on . . .
15. Pourquoi pas? Parce que nous . . . (haben ihre Nummer nicht)

Wenn du das **ne** und **pas** an die falsche Stelle gesetzt hast, dann wiederhole die Übungen, ändere dabei aber die Reihenfolge!
Betreffen deine Fehler jedoch die Verbformen, schreib dir einen großen Zettel, auf dem steht:

Zeitwortformen!
Endungen!?

Bevor du weiterlernst, denk an etwas Schönes . . .

Stell dir zum Beispiel vor, wie du dich mit mir in Cannes unterhältst, *café crème* trinkst . . .

KEIN/KEINE – *NE PAS DE*

M. Ver: *On dit: Je ne prends pas **de** café!*

Sicher weißt du schon, dass man **nach Mengenangaben nur *de*** nimmt. Und „kein Kaffee" ist eine „Menge", eine „Nullmenge".
Deshalb steht nach ***ne* . . . *pas***, wenn es „kein/keine" heißt, nur ***de***.

Hast du vom „Teilungsartikel" und von „Mengenangaben" noch nichts gehört, das Kapitel „Artikel" (Seite 48) also noch nicht durchgemacht, merk dir vorläufig einfach, daß nach *ne . . . pas* ein *de* steht.

Tu prends un pastis?	Non, je	**ne**	bois	**pas de**	pastis!
Tu veux une bière?	Non, je	**ne**	veux	**pas de**	bière!
	Je	**ne**	prends	**pas d'**	alcool!

Halt? Wo ist denn schon wieder das *e* vom *de*?

Wegfallregel! Vor einem Vokal fällt es weg!

Verneinung

Will man eine Menge „verneinen" (z. B. „Ich habe kein Geld, keine Autos, kein Bier"), stellt man hinter das ***ne* . . . *pas*** ein *de*.
Vor einem **Vokal** fällt das *e* vom *de* weg!

*Je **n'** ai **pas** d'argent.*
*Je **n'** ai **pas de** voitures.*
*Je **n'** ai **pas de** bière!*

Beantworte die Fragen:

1. Est-ce que tu as un frère? Non, je **n'ai pas de frère, j'ai une soeur.**
2. Et ta soeur, elle a un petit ami? Non, elle **n'a pas de petit ami.**

3. Bonjour, Monsieur Pierre, vous prenez un coca? Non, merci, je . . .
4. Mais vous avez du thé? Non, je . . .
5. Vous avez une carte d'identité? Non, nous . . ., nous avons un passeport.
6. Dis, Marc, il y a une pièce au théâtre de la ville? Non, il . . .
7. Et tu achètes des billets pour Nice? Non, je . . .
8. Vos parents, ils écrivent des lettres? Non, ils . . .
9. Tu écris des cartes postales à tes amis? Non, je . . .
10. Vous faites des crêpes? Non, nous . . .

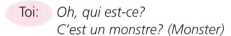

Toi: *Oh, qui est-ce?*
C'est un monstre? (Monster)

M. Ver: *Non, ce **n'**est **pas un** monstre,*
c'est Finver!

Warum steht hier nicht *ne . . . pas de*? Weil dieses Ding da keine „Nullmenge" ist, es gibt es wirklich, nur ist es kein Monster, sondern Finver, der sich verkleidet hat!.
Ich verneine also nicht die Menge, sondern die Bezeichnung.

Ich zeig dir noch ein Beispiel:
Ein kleines Kind könnte fragen:
Ce sont des pommes? (Sind das Äpfel?)
Und meine Antwort wäre:
*Non, ce **ne** sont **pas des** pommes,*
ce sont des poires!
(Das sind keine Äpfel, das sind Birnen!)

Das heißt, **wenn das Wort *être* verneint wird, bleibt der Artikel (un, une, des) stehen.**

Verneinung

Wenn *être* verneint wird, bleibt der Artikel bestehen. Es wird ja nicht die Menge verneint, sondern die Bezeichnung.
*Ce ne sont pas **des** pommes, ce sont des poires.*
*Michel n'est pas **une** fille, mais un garçon.*

☆ **Ausnahme**

J'aime **les** apéritifs! J'aime **la** limonade. J'aime **le** café.	Moi, je n'aime pas **les** apéritifs! Moi, je n'aime pas **la** limonade. Moi, je n'aime pas **le** café.
Tu veux toujours contredire (widersprechen)	Moi, je ne veux pas ...

Nach *aimer* steht immer der bestimmte Artikel *(le, la, les)*, auch wenn es verneint ist!
Wenn dir also jemand erzählt, dass er z. B. Muscheln gerne isst, sagt er: *J'aime les moules.* (Ich mag Muscheln.)
Du magst sie nicht und sagst: *Je n'aime pas* **les** *moules.* Du darfst dich also (wieder einmal) nicht vom Deutschen verwirren lassen, wo es heißt: „Ich mag keine Muscheln" oder „Ich mag Muscheln nicht".

Verneinung		
Nach *aimer* steht immer der bestimmte Artikel **(le, la, les)**. Auch wenn es verneint ist!		
Il	n'aime pas	**le** café.
Elle	n'aime pas	**la** limonade.
Je	n'aime pas	**les** moules.

Redewendungen

Zeit haben	**avoir le temps**	Tu as le temps de venir? Non, je n'ai pas le temps.
Hunger haben Durst haben	**avoir faim** **avoir soif**	Tu as faim? Non, je n'ai pas faim. Vous avez soif? Non, nous n'avons pas soif.
Lust haben, etwas zu tun	**avoir envie de faire qch**	Je n'ai pas envie de travailler.

Achtung!

Natürlich kann auch nach anderen Verben in der Verneinung ein bestimmter Artikel stehen, du musst nur die „bestimmten Sachen" meinen:
Je ne prends pas **les** *pommes que vous avez, mais les poires.*
(Ich nehme **nicht die Äpfel**, die sie haben, sondern die Birnen.)

Hier steht ja auch im Deutschen nicht „keine Äpfel", sondern „nicht die Äpfel"!

Beantworte die Fragen.
(Achte auf die Regeln und die Ausnahmen. Jetzt heißt's aufpassen!)

1. Annie, il y a des élèves français dans ton cours? Non, il . . .
2. Et votre prof, il donne des devoirs? Non, il . . .
3. Vous prenez un café avec moi? Non, nous . . ., nous avons cours.
4. L'après-midi, on fait du sport! C'est une bonne idée? Non, ce . . .
5. Mais vous faites du sport ici? Non, nous . . .
6. Vous avez envie de jouer aux boules? Non, nous . . .
7. On écoute des cassettes à la plage? Non, on . . .
8. Tu (ne pas voir) que nous (ne pas avoir) le temps?
9. Annie, ces deux filles, ce sont des élèves aussi? Non, ce . . ., ce sont les filles de la famille où j'habite.
10. Et ce sont des filles sympa? Non, . . .
11. Qu'est-ce qu'on fait maintenant? Tu as une idée? Non, je . . .
12. Et bien, on va voir un film au cinéma? Non, on . . ., je dois rentrer.
13. Tu prends le bus? Non, je . . .
14. Tu aimes les promenades? Non, je . . ., je (keine Lust auszugehen).

Willst du ein Kursgespräch belauschen? Meine Wurmkinder wollen ein Fest veranstalten! Leider kann man nicht alles gut verstehen!

1. Paul, tu peux aider Sylvie à préparer les jeux? Non, je . . .
2. Martin a des problèmes? Non, il . . ., il ne veut pas être seul.
3. Mais après, tu vas l'aider? Non, ce . . . possible, je . . . temps.
4. Marc et Solange, demain, c'est l'anniversaire de Miguel. Vous achetez un livre? Non, nous . . ., nous lui donnons un chapeau.
5. Et c'est une surprise (Überraschung)? Non, ce . . ., il le sait.
6. On va fêter son anniversaire le matin? Non, on . . ., mais le soir chez Mademoiselle Mimi.
7. Elle doit préparer des repas pour nous? Non, elle . . .
8. Et qui achète les boissons? C'est vous? Non, nous . . ., M. Ver les achète.
9. Vous allez faire la fête chez Mimi jusqu'à la fin? Non, nous . . ., nous voulons aller danser à dix heures.
10. Alors, après dix heures, vous êtes en boite? Non, nous . . ., nous voulons aller à la plage.

Übersetze.

1. Ich kann morgen nicht kommen, weil ich kein Auto habe.
2. Das ist keine gute Idee, wir mögen keine Fische. *(le poisson)*
3. Ich werde meinen Eltern keine Briefe schreiben.
4. Ich habe kein Geld, warum schickt ihr kein Geld? *(envoyer)*
5. Habt ihr keinen Hunger?
6. Warum nehmen Sie keinen Cognac? – Weil ich keinen Alkohol trinke, ich mag keinen Alkohol.
7. Wir sind keine Touristen, wir sind Schüler.
8. Du wirst nicht mit deinen Freunden am Strand feiern, du hast keinen Bus am Abend.
9. Ich esse keine Schnitzel! – Das sind keine Schnitzel!
10. Sie können keine Nachricht hinterlassen, Madame. *(laisser un message)*

Kontrolliere genau, zu welchen Bereichen deine Fehler gehören.
Sind sie entstanden, weil du mit der Verneinung (Stellung von *ne . . . pas*, „kein" etc.) Probleme hast, wiederhole das Kapitel!
Wenn die Fehler aus anderen Bereichen stammen (Verbformen, Vokabel, Pronomen, Fragebildung . . .), blättere, bevor du aufhörst, noch schnell deine Karteikarten zu diesen Themen durch.

Solltest du zu einem der Probleme noch keine Karten haben, mach dir keine Sorgen: Wenn du mit dem Buch fertig bist, wird dir alles klar sein. Zumindest wirst du wissen, wo du nachsehen kannst . . . Und da hast du schon beinahe gewonnen!

VERNEINUNG BEI MEHRTEILIGEM PRÄDIKAT *(PASSE COMPOSE)*

M. Ver: *Salut, mon ami!* Was hast du gestern Abend gemacht? Französisch gelernt?

Toi: Ich hab nicht gelernt, ich . . .

M. Ver: *Dis-le en français!*

Toi: *Je . . . n' ai pas appris le français!*

M. Ver: Richtig! Du hast gleich zwei Regeln beachtet! Bravo!

Die **erste Regel** ist unsere bekannte Wegfallregel:
Aus **ne ai** wird **n'ai**

Die **zweite Regel** ist die Grundregel, die besagt, dass **die Personalform** von *ne* und *pas* eingerahmt wird.

*Je **n'ai pas** appris, nous **ne sommes pas** allés, il **n'a pas** vu, . . .*

Vergleichen wir es wieder mit dem Deutschen!
Ich **habe** gelernt   Ich **bin** gegangen
Du **hast** gelernt   Du **bist** gegangen
Das, was sich ändert, ist die **Personalform**!

Im Französischen ist es auch so: Die Verben werden im *passé composé* mit *être* oder *avoir* abgewandelt, wobei die jeweiligen Formen dieser Hilfsverben die Personalformen sind, denn sie ändern sich mit der Person. Die Partizipien bleiben (nahezu) unverändert.

Tu	**es**	*allé chez les Dupont hier?*
Non, je	**ne suis pas**	*allé chez les Dupont!*
Tu	**as**	*travaillé à la maison?*
Non, je	**n'ai pas**	*travaillé, j'ai pris un verre avec André.*
Vous	**êtes**	*rentrés tôt?*
Non, nous	**ne sommes pas**	*rentrés tôt.*

Halt! Wie die Geschichte weitergeht und warum du einen Eisbeutel auf dem Kopf trägst, interessiert mich nun doch nicht mehr . . . Darf mich nicht interessieren!
Ça ne me regarde pas . . . (Das geht mich nichts an . . .)

Verneinung – *passé composé*

Die Teile der Verneinung *(ne . . . pas)* rahmen die Personalform ein!
Das sind in der Vergangenheit (im *passé composé*) die Formen von *avoir* oder *être*!
*Je **ne** suis **pas** allé chez elle.*
*Je **n'ai pas** travaillé.*

Wegfallregel beachten: *je n'ai pas, tu n'as pas, il n'a pas, nous n'avons pas . . ., tu n'es pas, vous n'êtes pas*

Verneine einfach einmal folgende Sätze.
1. Hier, j'ai vu mon professeur de français.
2. Il a dit: "Ça va?"
3. Nous avons parlé de nos vacances.
4. Puis, nous sommes allés prendre un verre chez Christophe.
5. Christophe a ouvert la porte et nous sommes entrés.
6. Ses parents ont préparé un dîner et nous avons mangé du lapin.
7. J'ai aimé le lapin.
8. Christophe a demandé: "Tu as vu ma soeur?"
9. Nous avons répondu que non.
10. Après nous sommes rentrés.

 Jetzt mache ich es ein bisschen komplizierter. Ich stelle Fragen, und du antwortest immer mit einem verneinten Satz:

Où est Yvette?

1. Tu as téléphoné à Yvette? Non, je . . .
2. Elle est arrivée hier? Non, elle . . .
3. Tu es allée voir Yvette? Non, elle . . .
4. Elle a invité les autres? Non, elle . . .
5. Elle a préparé des sandwichs? Non, elle . . .
6. Elle a acheté des boissons? Non, elle . . .
7. Vous avez parlé à sa mère? Non, nous . . .
8. Madame, vous avez vu Yvette? Non, je . . .
9. Vous êtes allés chez le docteur avec elle? Non, nous . . .
10. Elle a fait les courses au supermarché? Non, elle . . .

 Übersetze.
1. Ich bin gestern nicht zu *(chez)* meinen Freunden gegangen.
2. Warum hast du deinem Vater keinen Brief geschrieben?
3. Pierre hat seine Mutter nicht angerufen.
4. Yvette ist um 17 Uhr nicht daheim gewesen.
5. Wir sind nicht gemeinsam *(ensemble)* zurückgekommen *(rentrer)*.
6. Habt ihr das Abendessen nicht vorbereitet?
7. Meine Eltern haben mir in dem (ihrem) Brief kein Geld geschickt.
8. Mimi wollte die Mädchen nicht begleiten *(accompagner) (p. c.!)*
9. Wir haben die Äpfel nicht gegessen, weil wir in der Pause keinen Hunger gehabt haben.
10. M. Brel hat gestern keine Schüler abgeholt *(aller chercher)*.

In diesen Übungen gab es ein paar „Fallen". Bist du hineingefallen? Belüg dich beim Lernen auf keinen Fall selbst!!!

VERNEINUNG MIT OBJEKTVERTRETERN

Wissenswertes über „Objektvertreter" erfährst du im Kapitel „Pronomen", Seite 70!

M. Ver: Er sagt sie also nicht immer, die Wahrheit ... Das merk ich mir!

Er hat gesagt: Je **ne** la dis **pas** toujours.

Das *la* ist ein Objektvertreter, der bei der Antwort das Nomen *la vérité* ersetzt. Dieser Vertreter (dieses „Fürwort") hat zum Verb eine so gute Beziehung, dass es sich durch das **ne** nicht verdrängen lässt!

Gibt es also in einem Satz **ein oder mehrere Objektvertreter, so werden sie von *ne* und *pas* mit eingerahmt**.

Finver:	Tu			donnes	la main?
M. Ver:	Je	ne	te la	donne	pas.

Verneinung mit Objektvertretern

Stehen vor der Personalform ein oder mehrere Objektvertreter, so rahmen **ne** und **pas** diese mit ein, sie bleiben also unmittelbar vor dem Verb. Diese Regel gilt natürlich auch für das *passé composé*!

*Tu manges la pomme? Non, je **ne la mange pas**.*
*Tu as mangé la pomme? Non, je **ne l'ai pas** mangée.*

Verneine die folgenden Sätze.

1. Je te dis la vérité!
2. Tu les as appelés?
3. Il nous y a rencontrés.
4. Colette lui raconte tout.
5. Nous vous les montrons.
6. Vous l'avez vu?
7. Je les lui ai donnés.
8. Il m'a embrassé.
9. Nous le leur avons promis.
10. Ils t'en ont envoyé beaucoup?

Ersetze bei der Antwort die unterstrichenen Satzglieder durch Pronomen.
1. Vous prenez la voiture aujourd'hui? Non, nous **ne la prenons pas.**
2. Vous donnez des fleurs à Madame Giovannini? Non, nous **ne lui donnons pas de fleurs.**

3. Vous donnez les fleurs à Madame Giovannini? Non, nous . . .
4. Vous préparez le buffet? Non, nous . . .
5. Vous achetez les boissons? Non, nous . . .
6. Vous écrivez des mots à vos amis? Non, nous . . .
7. Madame, vous invitez aussi vos amis? Non, je . . .
8. Et toi, Isabelle, tu nous montres tes photos ce soir? Non, je . . .
9. Tu nous montres tes photos à tes parents? Non, je . . .
10. Tu montres tes photos à Alain? Non, je . . .

Wenn du dazu mehr Übungen machen willst, findest du sie unter dem Kapitel „Objektvertreter", Seite 74. Du kannst dort auch alle Antworten verneinen!

Dort gibt's auch Wissenswertes über die **verneinende Befehlsform mit Objektvertretern** (bzw. rückbezüglichen Fürwörtern)

Z. B. Schau es an! Schau es nicht an!
       Regarde-le. *Ne le regarde pas.*

 Achte
• auf die Stellung des *ne* und *pas*,
• auf die richtigen Personalformen,
• die richtigen Objektvertreter,
• auf die Übereinstimmung des *participe passé* (Sätze mit *).

Du kannst dir die Sätze stufenweise vornehmen:
☆ Beim ersten Versuch haben *ne* und *pas* den richtigen Platz, und die Personalformen stimmen.
☆ Beim zweiten Versuch sollen dann auch die Fürwörter richtig sein.
☆ Beim dritten Versuch stimmt alles!

1. *Hier soir, vous avez vu les Anglais? Non, nous . . .
2. Mais vous avez dit aux Anglais de venir? Non, nous . . .
3. *Mme Giovannini a acheté les boissons? Non, elle . . .
4. Et les professeurs ont préparé le buffet? Non, ils . . .
5. Vous êtes allés à la discothèque? Non, nous . . . (Achtung: y)
6. Vous avez donné un cadeau à Madame Giovannini? Non, nous . . .
7. *Alain, tu as vu les photos d'Isabelle? Non, je . . .
8. Isabelle, tu as montré tes photos à Alain et ses amis? Non, je . . .
9. *Pierre, tu as trouvé ma lettre? Non, je . . .
10. *Tu as vu la nouvelle Allemande? Non, je . . .

Übersetze.

1. Ich habe ihnen (den Eltern) gestern nicht geschrieben.
2. *Sie haben mich nicht angerufen *(appeler q.)*
3. Warum haben Sie ihm das Geschenk nicht gegeben?
4. *Habt ihr sie (die Neue) nicht eingeladen?
5. *Hat dich Madame Giovannini nicht gesucht?
6. Hast du ihr keine Blumen gebracht?
7. Isabell hat ihnen (den Freunden) die Photos nicht gezeigt.
8. Warum gibt sie uns die Photos nicht?
9. Pierre hat Ihnen (!) kein Bier angeboten. *(offrir)*
10. *Haben die Duponts euch nicht mitgenommen? *(emmener)*

VERNEINUNG VON INFINITIV-KONSTRUKTIONEN MIT OBJEKTVERTRETERN

M. Ver: *Tu veux faire les exercices suivants maintenant?*
(Willst du die folgenden Übungen jetzt machen?)

Toi: *Non, je ne veux pas les faire maintenant!*

M. Ver: *Tu **ne veux pas les faire** maintenant?*

Toi: *Non!*

M. Ver: Weißt du eigentlich, dass du mir richtig geantwortet hast? Du hast dich erinnert, dass bei Infinitivkonstruktionen die Objektvertreter vor dem Infinitiv stehen und nicht vor der Personalform!
Wenn ich also Finver sprechen will, dann heißt das:
*Je **veux** te parler!* (Pronomen vor Infinitiv!)

Will ich ihn nicht sprechen, verwende ich die **Regel**, die besagt, dass **ne und pas die Personalform**, also **veux, einrahmen**:

*Je **ne** veux **pas** te parler!* oder
Tu me montres ton appareil-photo?
*Je **ne** vais **pas** te le montrer!* (Ich werde ihn dir nicht zeigen)

K | **Verneinung von Infinitivkonstruktionen mit Objektvertretern**

Folgt der Personalform ein Infinitiv, so stehen die Objektvertreter vor diesem Infinitiv. Und sie bleiben dort, auch wenn der Satz verneint wird. Die Teile der Verneinung rahmen nur die Personalform ein!

Je	**ne veux pas**	te	voir.	
Tu	**ne vas pas**	le lui	donner.	(Du wirst es ihm nicht geben.)

Verneine die Sätze.

1. Voilà mes photos! Tu veux les voir? Non, je . . .
2. J'ai une cassette de Patricia Kaas! On va l'écouter? Non, on . . .
3. Mes amis sont chez Philippe. Nous pouvons y aller? Non, nous . . .
4. Il y a une fête ce soir. Tu veux m'accompagner? Non, je . . .
5. Nous allons voir un film ce soir. Il faut vraiment le voir? Non, il . . .
6. Les deux parlent espagnol. Tu sais le parler aussi? Non, je . . .
7. Vous pouvez nous expliquer ce problème? Non, nous . . .
8. Madame Bruel va vous attendre! Non, elle . . .
9. La voiture est sale! Vous devez la laver? Non, nous . . .
10. On va manger ces moules: Tu aimes les manger? Non, je . . .

Jetzt wird es komplizierter. Du musst nun auch die Pronomen selbst finden, indem du die unterstrichenen Satzglieder durch sie ersetzt. Außerdem gibt's nicht nur Infinitiv-Konstruktionen!

1. Tu veux visiter le musée Picasso avec moi? Non, je . . .
2. Tu as visité le musée avec ton frère? Non, je . . .
3. Mais on va aller à Nice? Non, on . . .
4. Tu restes à la maison? Non, je . . .
5. Vous allez acheter une cassette à Claude? Non, on . . .
6. *Vous avez apporté vos cassettes? Non, nous . . .
7. Vous voulez écouter ses cassettes? Non, nous . . .
8. Les filles vont montrer leurs dessins aux professeurs? Non, elles . . .
9. Vous devez laver la voiture de Madame Giovannini? Non, nous . . .
10. Pierre veut faire sa promenade avec ses chiens? Non, il . . .
11. Mais il fait une promenade? Non, il . . .
12. Madame Giovannini a donné ses chiens à son voisin? Non, elle . . .
13. Tu aimes écouter les chansons de Stéphanie? Non, je. . .
14. Votre prof sait parler espagnol? Non, il . . .
15. Est-ce qu'il faut faire ces exercices? Non, il . . .

Das Schwierige an diesen Übungen ist für dich vielleicht das Finden der richtigen Pronomen. Wenn du nur mehr damit Probleme hast, die Stellung des *ne* und *pas* dir aber kein Kopfzerbrechen bereitet, betrachte das Kapitel als erledigt.

BECKENACHTEN UND ARMKREISEN

Du fühlst dich schlaff?

„Male" mit deinem Becken eine Acht, damit dein Körper Energie zum schöpferischen Träumen bekommt:
Du stehst mit leicht gebeugten Knien, die Füße sind hüftbreit auseinander. Du streckst die Arme nach hinten und verschränkst die Daumen ineinander. Nun machst du mit den Hüften eine Vor- und Rückwärtsbewegung, sodass daraus eine Acht entsteht. Der Oberkörper bleibt dabei aufrecht, die Atmung ist fließend. Achte darauf, dass die Ellbogen möglichst gestreckt bleiben.

Dauer der Übung: 30-mal

Eine letzte Übung zur Aktivierung deiner Energie:

Du stehst hüftbreit, die Knie locker. Du kreist nun mit beiden Armen gleichzeitig von vorne nach oben, über den Kopf nach hinten.
Achte darauf, dass die Ellbogen gestreckt bleiben.

Dauer der Übung: 50-mal

9. DURCHSTART-ÜBUNG:

EXERCICE DU CHEF

Verneine die Sätze.

1. (Où est ma mère.) Tu l'as vue?
2. Elle veut jouer au football.
3. Nous aimons le football.
4. Vous prenez des biscuits?
5. Vous en avez pris assez?
6. Tu as envie de faire du ski?
7. Ce sont des élèves de M.Ver.
8. Il est allé à la plage.
9. Elle y a rencontré les Gerard.
10. Ils veulent s'y reposer.
11. Elsa lui a offert un verre de vin.
12. Il boit du vin.

AUSWERTUNG:
Du erhältst für jede richtige Stellung des *ne . . . pas* 1 Punkt. (Es müssen beide Teile richtig stehen!) Du kannst maximal 16 Punkte erreichen, denn in den Sätzen 4, 7, 11 und 12 gibt's noch 1 Punkt, wenn sonst alles richtig ist!

16–15 Punkte: Du kennst dich aus! Bravo!
14–13 Punkte: Auch recht gut. Entstanden die Fehler womöglich beim *de*?
12–11 Punkte: Wahrscheinlich musst du dich mehr konzentrieren und die Sätze genauer anschauen, bevor du sie verneinst.
10–9 Punkte: Woher kommen die Fehler? Kann es sein, dass du die Sätze nicht unterscheiden kannst (Gegenwart, Infinitiv-Konstruktion, *p. c.*)?

8–... Punkte: Wiederhole das Kapitel! Geh noch nicht zum nächsten Kapitel!

NICHT MEHR, NIE, NOCH NICHT, NICHTS, NIEMAND

Einen Text für die Karteikarte findest du am Ende dieses Abschnittes!

☆ NICHT MEHR

M. Ver: *Tu veux encore apprendre?* (Willst du noch lernen?)

Toi: *Non; je ne veux . . .* Ich will nicht mehr!

M. Ver: *En français, on dit:* **Je ne veux plus!**
Wenn du „nicht mehr" sagen willst, so verwendest du statt des Wörtchens *pas* das Wörtchen **plus**. *Ne* und *plus* rahmen wiederum die Personalform ein, wobei ein Objektvertreter, der vor der Personalform steht, mit eingeschlossen wird!

Finver: *Tu es encore amoureux?*

M. Ver: *Je **ne suis plus** amoureux!*

Finver: *Tu l'aimes encore?*

M. Ver: *Je **ne l'aime plus**!*

Finver: *Tu l'as vue encore?*

M. Ver: *Je **ne l'ai plus** vue!*

Finver: *Tu veux la voir encore?*

M. Ver: *Non, je **ne veux plus** la voir!*

Verneine die Fragen, indem du *ne – plus* verwendest!

1. Tu restes encore à Cannes? Non, je **ne reste plus à Cannes.**
2. Vous devez encore rentrer à dix heures du soir? Non, nous . . .
3. Christine est encore l'amie d'Alain? Non, elle . . .
4. Et toi, tu es sorti avec elle encore une fois? Non, je . . .
5. Tes amies, elles vont encore souvent au musée? Non, elles . . .
6. Tu prends encore du vin? Non, je . . . (Nach „ne-plus": „de"!)
7. Vous mangez encore des pommes? Non, nous . . .

☆ **NIE**

Toi: Sie haben jetzt: *Il n'est **jamais** là* gesagt. Heißt *ne – jamais* nie?

M. Ver: Genau! Wenn du „nie" sagen willst, dann verwendest du statt *pas jamais*. Ganz einfach ist das.

Jetzt ist er wieder da und gibt seinen Senf dazu . . .
Im Französischen gibt man übrigens nicht seinen Senf dazu, sondern seine Erdbeere!

Man sagt aber nur unter Freunden: *Il ramène sa fraise!*

Aber lassen wir die Erdbeeren mit Senf, machen wir lieber ein paar Übungen:

 Beantworte die Fragen, indem du *ne – jamais* verwendest!

1. Tu prends de la moutarde? Non, je **ne prends jamais de moutarde.**
 2. Vous allez souvent chez Mac Donalds? Non, nous . . .
3. Madame Giovannini achète les fruits au supérmarché? Non, elle . . .
4. Ersetze bei dem Satz jetzt "les fruits" durch ein Pronomen!
5. Ta famille, elle mange aussi au restaurant? Non, elle . . .
6. Et toi, tu prends des moules quelquefois? Non, je . . .
7. Madame Giovannini est souvent allée en Autriche? Non, elle . . .

☆ NOCH NICHT

*WILLST DU AUFHÖREN, DEINE GRAUEN ZELLEN MARSCHIEREN ZU LASSEN?

M. Ver: *On dit:* Je **ne suis pas encore** fatigué.

ne – pas encore heißt „noch nicht".
Man hängt einfach an das *pas* ein *encore*!

Finver ist so faul! Er tut alles erst, wenn man ihn fünfmal aufgefordert hat! Kannst du seine Antworten erraten?

1. Est-ce que tu as déjà appris ton chinois? Non, je . . .
2. Tu as déjà téléphoné à M. Jacques? Non, je . . .
3. Tu as déjà visité l'exposition Gauguin avec les élèves? Non, je . . .
4. Le dernier roman d'Alexandre Jardin, tu l'as déjà lu? Non, je . . .
5. Tu as déjà préparé le dîner? Non, je . . .

Er tut einfach **nichts** gleich! Furchtbar!

☆ NICHTS

Oh, mein Freund hat Probleme! Es scheint sich um eine schwere Form von Minderwertigkeits-Komplex zu handeln!

Aber bevor ich ihm helfe, muss ich erklären, was er da gesagt hat!

Je **ne** *suis* **rien**: Ich bin nichts.

Ich nehme an, du weißt jetzt, auch ohne Erklärungen meinerseits, wie man im Französischen „nichts" ausdrückt: Man setzt an die Stelle des **pas** einfach ein **rien**.

Die Stellung bleibt die gleiche:

Je	**ne**	mange	**rien**.	
Je	**ne**	veux	**rien**	manger.
Je	**n'**	ai	**rien**	mangé.
Je	**ne**	lui ai	**rien**	dit.

Ich esse nichts.
Ich will nichts essen.
Ich habe nichts gegessen.
Ich habe ihm nichts gesagt.

Bei diesen Sätzen fällt dir vielleicht auf, dass das „nichts", d. h. das **rien**, **immer Objekt des Satzes** ist (Frage: wen/was).
Anders sieht die Angelegenheit aus, wenn das „nichts" zum Subjekt des Satzes wird, wie in dem berühmten Satz, den man überall gut kennt: „Nichts geht mehr!" Der heißt nämlich: **Rien ne va plus!**
Rien steht am Anfang, das **ne** folgt, dann kommt die **Personalform**!
(Ich glaube aber, dass du das im ersten Lernjahr noch nicht wissen musst, weshalb die Übungsbeispiele diese Möglichkeit nicht enthalten!)

Damit es nicht eintönig wird, mische ich in dieser Übung alle in diesem Abschnitt erklärten Verneinungsmöglichkeiten, und du entscheidest, welche du verwenden musst.

1. Tu comprends quelque chose? Non, je **ne comprends rien.**
2. Qu'est-ce que vous avez fait? Nous **n'avons rien fait.**

3. Ils ont déjà appris le français? Non, ils . . .
4. Est-ce qu'ils sont déjà partis? Non, ils . . .
5. Et leurs parents, ils sortent souvent? Non, ils . . .
6. Vous avez encore le même prof en conversation? Non, nous . . .
7. Vous avez beaucoup appris avec lui? Non, nous . . .
8. Vous faites souvent des excursions? Non, nous . . .
9. Et toi, tu es encore au même cours que Véro? Non, je . . .
10. Qu'est-ce que M. Olivier t'a dit hier? Il . . .
11. Mais il vous a donné quelque chose? Non, il . . .
12. Que fait Alain? Il cherche quelque chose? Non, il . . ., il réfléchit.
13. Tu as parfois (manchmal) envie de rentrer tout de suite? Non, je . . .
14. Qu'est-ce que vous faites les week-ends? Nous . . .
15. Est-ce que tu t'ennuies souvent? Non, je . . .

☆ NIEMAND

Finver: *Et toi, tu es sûr que tu n'aimes plus ta petite amie?*

M. Ver: *Arrête! Ça ne te regarde pas! Je n'aime personne!*

Finver: *Mais moi, tu m'aimes?*

M. Ver: *Non, je n'aime **personne**!*
Ich liebe niemanden!

Hör auf zu heulen, ich mag dich ja! Ich sagte diesen Satz nur, weil ich ein Beispiel brauchte, wie man „niemand" ins Französische übersetzt, denn das fehlt noch in unserem Kapitel . . .

ne . . . personne heißt also „niemand", wobei es, was die Stellung betrifft, eine **Sonderstellung** einnimmt.

☆ Erstens stehen beide Teile (wie bei „*rien ne . . .*") vor der Personalform, wenn das „niemand" Subjekt des Satzes ist:
„Niemand liebt mich!" heißt: ***Personne ne** m'aime.*"

☆ Zweitens steht „*personne*", wenn es Objekt ist, im *passé composé* und bei Infinitiv-Konstruktionen nicht nach der Personalform, sondern erst nach dem zweiten Teil des Prädikats, also nach dem Partizip bzw. nach dem Infinitiv! Beispiele machen die Angelegenheit gleich deutlicher:

Ich habe niemanden eingeladen:	Je	**n'**	ai invité	**personne**.
Ich will niemanden einladen:	Je	**ne**	veux inviter	**personne**.
Ich will mit niemandem reden:	Je	**ne**	veux parler	**à personne**.

Beantworte die Fragen!
Versuche auch (womöglich bei einem zweiten Durchgang), bei der Antwort die unterstrichenen Satzglieder durch Pronomen zu ersetzen!

1. Mme Giovannini va souvent <u>à la plage</u>? Non, elle . . . (nie)
2. Elle rencontre beaucoup de gens? Non, elle . . . (niemanden)
3. Tu comprends toujours ce qu'elle dit? Non, parfois je . . . (nichts)
4. Elle sait déjà parler <u>l'allemand</u>? Non, elle . . . (noch nicht)
5. Vous parlez souvent <u>de politique</u>? Non, nous . . . (nie)
6. Elle a encore <u>des chiens</u>? Non, elle . . . (keine mehr)
7. Tu as déjà fait la connaissance de sa fille? Non, je . . . (noch nicht)
8. Elle t'a présenté à des amis? Non, elle . . . (niemandem)
9. Et toi, qu'est-ce que tu fais ce soir? Ce soir, je . . . (nichts)
10. Tu vas encore voir <u>Mimi</u>? Non, je . . . (nicht mehr)
11. Tu connais déjà <u>le restaurant de M. Hervé</u>? Non, je . . . (noch nicht)
12. Yvette connaît beaucoup de gens? Non, elle . . . (niemanden)
13. Elle n'a pas souvent envie de sortir le soir? Non, elle . . . (nie)
14. Alors, elle n'aime pas discuter! Elle . . . (diskutiert mit niemandem)
15. Je crois qu'elle . . . (will niemanden sehen)
16. Est-ce que tu apprends beaucoup <u>au cours</u>? Non, je . . . (nichts)
17. Et ton prof, il est souvent de mauvaise humeur? Non, il . . . (nie)
18. Il a invité ses élèves? Non, il . . . (hat niemanden eingeladen)

Jetzt folgt noch der Tipp für dein Karteiblatt.

Verneinung: nicht mehr, nie, noch nicht, nichts, niemand	
ne . . . plus	nicht mehr
ne . . . jamais	nie
ne . . . pas encore	noch nicht
ne . . . rien	nichts

Diese Verneinungswörter rahmen ebenfalls die **Personalformen** ein.

Je	**ne**	**mange**	**plus**	de pommes.
Je	**ne**	**les ai**	**jamais**	vus.
Je	**n'**	**ai**	**pas encore**	lu le roman.
Je	**ne**	**veux**	**rien**	manger.

Ne . . . rien kann auch als Subjekt verwendet werden, dann stehen beide Teile **vor** der **Personalform**: *Rien ne va plus.*

ne . . . personne	niemand

In der Vergangenheit und bei Infinitiv-Konstruktionen rahmen die Teile nicht die Personalform ein, sondern stehen erst nach dem zweiten Teil des Prädikats:

Je	**ne**	**vois**	**personne**.	Ich sehe niemanden.
Je	**n'**	**ai vu**	**personne**.	Ich habe niemanden gesehen.
Je	**ne**	**veux voir**	**personne**.	Ich will niemanden sehen.

Wird „niemand" als Subjekt verwendet, so stehen beide Teile vor der Personalform:
Personne ne *parle chinois à Cannes.* Niemand spricht in Cannes Chinesisch . . .

Jetzt haben wir genug verneint! Wir wollen nun keine Geister mehr sein, die stets verneinen, sondern wieder zum Bejahen zurückkehren.

Für die ganz Fleißigen folgen jetzt noch zwei Übungen, die alle Regeln, die im Kapitel „Verneinung" besprochen worden sind, umfassen. Du kannst sie gleich machen, als „krönenden Abschluss des Verneinens", oder in den nächsten Tagen, um zu überprüfen, ob du das Neinsagen noch beherrscht.

EXERCICE DU CHEF 1

Grad 1: Verneine die folgenden Fragen!
Grad 2: Ersetze dabei die unterstrichenen Satzglieder durch Pronomen!

1. Tes parents, sont-ils partis pour Deauville? Non, ils ...
2. Elle y a rencontré beaucoup de gens? Non, elle ... (niemanden)
3. Est-ce que ta grand-mère lit souvent le Figaro? Non, elle ... (nie)
4. Vous avez déjà vu des opéras ? Non, nous ... (noch nicht)
5. Tes élèves ont déjà fait leurs devoirs? Non, ils ... (noch nicht)
6. Vous voulez acheter des vêtements au marché? Non, nous ...
7. Jacques s'est couché très tard? Non, il ...
8. Pardon, Monsieur, avez-vous une carte touristique de la région? Non, je ...
9. C'est une région intéressante? Non, ce ...
10. Vous avez déjà vu la région? Non, je ...
11. Je cherche des fleurs pour Mimi. Avez-vous des roses? Non, je ...
12. Vous allez souvent chez ce fleuriste? Non je ... (nie)
13. Ton amie peut venir encore ce soir? Non, elle ... (nicht mehr)
14. Tu veux inviter cette amie à passer le week-end à Paris? Non, je ...
15. Vous êtes descendus à l'hôtel de la Poste? Non, nous ...
16. C'est un hôtel sympa? Non, ce ...
17. Il y a encore des chambres libres pour ce week-end? Non, il ... (keine mehr)
18. Tu vas téléphoner à M. Roussel? Non, je ...
19. Tu as raconté quelque chose à Mme Roussel? Non, je ... (nichts)
20. Tu as montré le journal à tes frères? Non, je ...

AUSWERTUNG:

Grad 1 ☆ Für jede Antwort, in der die Teile der Verneinung stimmen und am richtigen Platz stehen, gibt's 1 Punkt. (max. 20 Punkte)
☆ In den Sätzen 4, 6, 8, 9, 11, 16, 17 erhältst du noch 1 Punkt, wenn auch der Artikel (oder das „de") stimmt! (max. 7 Punkte)

Grad 2 ☆ Für jeden Satz, in dem du das Satzglied durch ein richtiges Pronomen ersetzt hast – und dieses auch die richtige Stellung hat, erhältst du 1 Punkt. (max. 9 Punkte)

Grad 1 (27 Punkte)	Grad 2 (36 Punkte)
27–24 Punkte: Du weißt, wie man „Nein" sagt! Bravo!	36–32 Punkte: Du kannst dich zu den Chefs zählen! Gratuliere!
23–20 Punkte: Auch gut gemacht! Noch ein bisschen üben!	31–27 Punkte: Dir fehlt noch die Meisterprüfung, weiterlernen!
19–16 Punkte: Du bist noch kein sehr gut verneinender Geist! Weiterüben!	26–22 Punkte: Was geht noch nicht? Die Verneinung oder die Pronomen? Üben!!
15– ... Punkte: Dir liegt das Ja-Sagen! Sag Ja zu einer intensiven Wiederholung!	21– ... Punkte: Du musst beide Kapitel wiederholen! Verzage trotzdem nicht!

EXERCICE DU CHEF 2

Finver hat gute Tage, aber auch schlechte.
An den guten kann man ihn so beschreiben:

1. Finver est un ver heureux.
2. Il a beaucoup d'amis.
3. Il aime son travail, il travaille beaucoup et gagne de l'argent.
4. Il aime s'amuser et il va souvent au café avec ses amis.
5. Le matin, après s'être levé, il fait de la gymnastique.
6. Puis il prépare quelque chose à manger pour nous.
7. Il boit du café et mange des croissants.
8. A l'école, il veut toujours m'aider et il m'y accompagne souvent.
9. Il s'entend bien avec mes élèves et il leur raconte des blagues.
10. Il a toujours envie d'apprendre des choses nouvelles, il est un ver curieux.
11. Il est souvent de bonne humeur.
12. Il a de la chance: Il aime tout le monde et tout le monde l'aime.

Und was muss man über ihn sagen, wenn er schlechte Tage hat?

1. Finver n'est pas un ver heureux.
2. Il n'a pas beaucoup d'amis.
3. Il . . .

Mach du weiter! (Gib Acht, manchmal muss man mit „nichts", „nie" etc. verneinen!)

Da es die letzte Übung in meinem Buch ist, verzichte ich auf eine Auswertung. Du wirst schon selbst wissen, ob du zufrieden sein kannst mit deiner Leistung! Ich hoffe nämlich, dass du mittlerweile meinen letzten Tipp gar nicht mehr hören müsstest, weil du ihn schon kennst!

> Sag **Ja** zu dir, sag **Ja** zum Lernen, lerne für **dich**, nicht für die Schule oder den Lehrer. Glaub daran, dass du es schaffst!
> Sei dir aber immer bewusst, dass du etwas tun musst, wenn du erfolgreich sein willst. Geschenkt wird einem wenig!
> Finde heraus, wann du wie mit welchen Hilfsmitteln am besten lernst und sei dabei aber absolut ehrlich zu dir!
> Beschwindle dich nicht selbst und höre auch auf deine Gefühle und Gedanken! Wenn du z. B. „absolut Null Bock zum Lernen hast", lass es bleiben, schließ aber ein Abkommen mit dir, an das du dich auch hältst!

Und ganz zum Schluss noch ein Gedanke für dich: Es gibt tatsächlich Menschen, nicht nur die Französisch-Lehrerinnen und -Lehrer, die Französisch sprechen. Und es kann unheimlich Spaß machen, sich mit ihnen zu unterhalten!

Salut! A bientôt!

Versetzung gefährdet – was nun?
Rechtlicher Rahmen und Aufgaben der Eltern in Deutschland

Wenn die Versetzung eines Kindes gefährdet ist, sind auch seine Eltern gefordert. Auf jeden Fall ist es sinnvoll, dass Schule und Elternhaus dieses Problem gemeinsam erörtern, nach den Ursachen fragen und nach Abhilfe suchen. Sie als Eltern sollten nicht nur über den rechtlichen Rahmen zur Leistungsbeurteilung und Versetzung informiert sein; Sie sollten auch wissen, was Sie selbst unternehmen können, um das festgefahrene Schiff wieder in besseres Fahrwasser zu lenken.

Rechtlicher Rahmen
Auskunft über die jeweils gültigen Rechtsvorschriften zur Leistungsbeurteilung und Versetzung können Eltern in den Amtsblättern und dem Staatsanzeiger nachlesen, die bei jedem Schulleiter sowie dem Schulamt einzusehen sind.
Da für jedes Bundesland eigene Vorschriften existieren, möchte ich die Ausgestaltung des rechtlichen Rahmens am Beispiel des Hessischen Schulrechtes (Quelle: Dienst- und Schulrecht Hessen, GEW-Handbuch, völlig neubearbeitete Ausgabe, Stand März 1994) erörtern.
Wird eine Leistung im Zeugnis mit schlechter als der Note „ausreichend" bewertet, so entscheidet die einfache Mehrheit der **Versetzungskonferenz** über die Versetzung oder Nichtversetzung der Schülerin oder des Schülers. Zur Teilnahme ist jeder Lehrer, der die Schülerin oder den Schüler im laufenden Schuljahr oder vor einem Lehrerwechsel unterrichtet hat und wer die Schülerin oder den Schüler vor einem Lehrerwechsel im laufenden Schuljahr zuletzt unterrichtet hat und noch der Schule angehört, verpflichtet (a.a.O., Abt. 5, § 12,2):

> „Die Versetzungsentscheidung wird aus **pädagogischer Verantwortung und frei von Schematismus getroffen**. Grundlage sind die Leistungen und die Entwicklung der Schülerin oder des Schülers während des ganzen Schuljahres (a.a.O.; Abt. 5, § 11,2)."

Verschlechtert sich die Schülerin oder der Schüler in einem Fach von einem auf das nächste Schulhalbjahr, so ist dies von der Fachlehrerin oder dem Fachlehrer in der Versetzungskonferenz zu begründen.
Verlauf und Ergebnisse der Versetzungskonferenz werden im **Protokoll** festgehalten, welches jederzeit von den Eltern eingesehen werden kann.

> „Eine Note schlechter als ausreichend in einem Fach oder Lernbereich kann nur durch die Note befriedigend oder besser in einem anderen Fach oder Lernbereich ausgeglichen werden (a.a.O., Abt. 5, Anlage 1; 11,2)."

Zusätzlich gilt für Schülerinnen und Schüler an Gymnasien und Realschulen: Schlechter als mit der Note „ausreichend" beurteilte Leistungen in einem der Fächer Deutsch, erste Fremdsprache (für Gymnasiasten auch die zweite Fremdsprache) und Mathematik hindern eine Versetzung dann nicht, wenn die Schülerin oder der Schüler **besondere Fähigkeiten und starken Arbeitswillen** in einem anderen dieser o.g. Fächer oder in mehreren anderen Unterrichtsfächern erkennen lässt. Dies könnte unter Umständen durch die Note „befriedigend" gegeben sein.
Mehr als zwei mit schlechter als der Note „ausreichend" beurteilte Leistungen in den Fächern Deutsch, erste Fremdsprache (für Gymnasiasten auch die zweite Fremdsprache) und Mathematik können in der Regel nicht ausgeglichen werden (a.a.O., Abt. 5, Anlage 1).
In den Jahrgangsstufen 7 bis 10 ist eine **nachträgliche Versetzung** möglich:

*„Wird eine Schülerin oder ein Schüler auf Grund schlechter als ausreichend bewerteter Leistungen im Zeugnis in zwei Fächern oder Lernbereichen nicht versetzt, so kann die Versetzungskonferenz die Schülerin oder den Schüler zu einer **Nachprüfung** in einem der zwei Fächer oder Lernbereiche innerhalb der ersten sechs Unterrichtstage des neuen Schuljahres dann zulassen, wenn bei schlechter als ausreichend bewerteter Leistungen in nur einem Fach oder Lernbereich die Versetzung möglich gewesen wäre (a.a.O., Abt. 5, § 16,3)."*

Aufgaben der Eltern
Einfühlungsvermögen und Kommunikationsbereitschaft sind grundlegende Eigenschaften von Eltern, die bereit sind, sich frühzeitig mit schulischen Misserfolgen ihres Kindes auseinanderzusetzen.
Eltern mit solchen Grundeinstellungen sind eher in der Lage, Warnsignale rechtzeitig zu erkennen, um ihrem Kind in schwierigen Schulsituationen rechtzeitig zu helfen.

Ist die „Fünf" in der Klassenarbeit ein Ausrutscher oder schon ein Warnzeichen?

Suchen Sie dazu das **sachliche Gespräch mit Ihrem Kind**, um gemeinsam über Gründe des Misserfolges nachzudenken und nach Lösungen zu suchen!
Darüber hinaus kann ein **Gespräch mit der unterrichtenden Lehrerin oder dem unterrichtenden Lehrer** zu wichtigen Erkenntnissen führen. Die Sprechstunden der Lehrerinnen und Lehrer während des Schuljahres werden kaum wahrgenommen. Das Gespräch wird meistens dann gesucht, wenn es bereits „zu spät" ist.

Bei **anhaltenden Misserfolgen** müssen sich die Eltern fragen:

Ist mein Kind in dieser Klasse mit dem jetzigen Lernstoff überfordert?

Langfristige Überforderungen führen in der Regel zu psychischen Verletzungen des Kindes; ständige Misserfolge kratzen am Selbstwertgefühl und wirken demotivierend. Die Familienatmosphäre ist zumeist auch in Mitleidenschaft gezogen.
Dabei sollte es das Ziel der Eltern sein, ihrem Kind aus der Zone der Misserfolge herauszuhelfen, damit es bei Erfolgen wieder Lob und Anerkennung erfahren kann.
Dazu könnte unter Umständen die **Änderung des Schul- und Ausbildungsweges** erforderlich sein. Vielleicht nimmt aber schon ein **rechtzeitiges Zurückgehen** Ihres Kindes in die vorhergehende Jahrgangsstufe den störenden psychischen Druck.

Sollte eine schlechte Note auf kurz- bzw. mittelfristig zu schließende Lücken oder Defizite im lernmethodischen Bereich zurückzuführen sein, können – bei Bereitschaft des Kindes – **außerschulische Förderungsmaßnahmen** (z. B. Lernhilfen, Nachhilfe, Kurse „Das Lernen lernen") sinnvoll bzw. erfolgreich eingesetzt werden.

Hedi Jantsch
Vorsitzende des Schulelternbeirates
am Friedrichsgymnasium Kassel

„Nicht genügend"!
Was können Eltern dagegen tun?
Pädagogische Aspekte und rechtliche Situation in Österreich

Der pädagogische Beurteilungsspielraum
Die Bestimmungen des Schulunterrichtsgesetzes über die Leistungsbeurteilung an den Schulen zielen einmal darauf ab, ein höchstmögliches Ausmaß an Objektivität zu gewährleisten, sind doch oft sehr wesentliche Berechtigungen an das Bestehen oder Nichtbestehen einer Prüfung geknüpft. Andererseits wird auch der Umstand berücksichtigt, dass eine Leistungsbeurteilung in der Schule immer auch eine pädagogische Maßnahme ist. Es würde sich eher ungünstig auf die Motivation der Kinder auswirken, wenn der nachlässige Schüler auf Grund seiner Begabung leicht zu guten Beurteilungen kommen würde, der strebsame Jugendliche aber immer nur eine unerfreuliche Beurteilung erhalten könnte. Jeder würde im Laufe der Zeit seine Bemühungen einstellen, wenn er sähe, dass er das gewünschte Ziel niemals erreichen kann. Oder umgekehrt, warum sollte sich ein begabtes Kind anstrengen, wenn es auch ohne jede Mühe Anerkennung fände. Das Schulunterrichtsgesetz hat daher dem Lehrer in einigen Bereichen einen „pädagogischen Beurteilungsspielraum" eingeräumt.
Ein Lehrer wird diesen vor allem dadurch nützen, dass er die Mitarbeit des Schülers im Unterricht, seine Bemühungen bei der Anfertigung der Hausaufgaben – so wie es im § 3 der Verordnung über die Leistungsbeurteilung festgelegt ist – gleichwertig in die Gesamtbeurteilung einbeziehe. Hier hat der Lehrer die Chance, ausgleichend, motivierend, ermutigend die Leistungsbeurteilung mit seinem pädagogischen Auftrag zu verbinden. Es wäre pädagogisch unklug und widerspräche den Bestimmungen des Schulunterrichtsgesetzes, wenn nur die Schularbeiten zur Leistungsbeurteilung herangezogen würden.

Die Informationspflicht des Lehrers
In engem Zusammenhang mit diesen Bestimmungen ist die vorgeschriebene Transparenz zu sehen. Eine pädagogische Maßnahme kann nur dann eine günstige Auswirkung haben, wenn der Schüler Informationen darüber erhält, inwieweit es ihm gelungen ist, Leistungen nachzuweisen, etwa bei der Wiederholung oder Erarbeitung neuer Lehrstoffe. Positive Rückmeldungen in diesem Bereich werden auch den schwachen Schüler veranlassen, sich lebhaft am Unterricht zu beteiligen, was sich im Allgemeinen längerfristig auch positiv auf die Ergebnisse der Schularbeiten auswirken wird.
Der Lehrer ist verpflichtet, Aufzeichnungen im erforderlichen Ausmaß anzufertigen, Schüler und Eltern haben ein Recht auf Transparenz.

Was darf geprüft werden?
Grundsätzlich darf nur das geprüft werden, was im Lehrplan steht (Schulbücher gehen oft weit über die Anforderungen des Lehrplans hinaus!) und was bis zum Prüfungszeitpunkt durchgenommen wurde.

Die Benotung
Bei der Festsetzung einer Note für ein gesamtes Schuljahr hat der Lehrer alle im Laufe des Jahres erbrachten mündlichen wie schriftlichen Leistungen (nicht Leistungsbeurteilungen) zu berücksichtigen. Die vielgeübte Praxis, einfach eine Durchschnittsnote zu bilden, entspricht nicht den Bestimmungen des Schulunterrichtsgesetzes, schon gar nicht, wenn dazu nur die Ergebnisse der Schularbeiten herangezogen werden. Es geht vielmehr darum, am Ende des Schuljahres zu beurteilen, ob der Schüler durch seine Leistungen gezeigt hat, dass er das, was im Unterricht durchgenommen wurde (und was auch im Lehrplan vorgesehen ist), wenigstens überwiegend kann. Wie und bei welcher Gelegenheit, ob im Rahmen der mündlichen Mitarbeit, etwa bei der Lösung einer Aufgabe an der Tafel oder bei einer

Schularbeit oder bei einer mündlichen Prüfung, Leistungen nachgewiesen wurden, ist dabei unerheblich. Alle erbrachten Leistungen müssen gleichwertig herangezogen werden.

Ein Lehrer wird eine Leistung mit **„Gut"** oder **„Sehr gut"** beurteilen, wenn ein Schüler über das Wesentliche hinaus oder weit über das Wesentliche hinaus Leistungen erbringt.

Ein Lehrer wird eine Leistung mit **„Befriedigend"** beurteilen, wenn der Schüler den Anforderungen in den „wesentlichen Bereichen" entsprochen hat. Ein **„Genügend"** signalisiert hingegen, dass der Schüler in den „wesentlichen Bereichen" Lücken hat. Er hat den Anforderungen nur überwiegend entsprochen. Gerade in den sogenannten aufbauenden Gegenständen, in denen der neue Lehrstoff auf Vorkenntnissen aufbaut, kann das fatale Folgen haben. Hat zum Beispiel das Kind in der Unterstufe des Gymnasiums in Mathematik nur lückenhafte Kenntnisse erworben, sind Schwierigkeiten in der Oberstufe fast vorprogrammiert. Ein „Genügend" genügt also nicht immer! Der Lehrer wird Auskunft darüber erteilen, wo diese Lücken sind und wie man sie möglichst schnell schließen kann.

Ein **„Nicht genügend"** erhält ein Schüler dann, wenn es ihm nicht gelungen ist, den Anforderungen in den „wesentlichen Bereichen" wenigstens überwiegend zu entsprechen. Was sind nun die sogenannten „wesentlichen Bereiche"? Das Bundesministerium für Unterricht und Kunst vertritt hier die Meinung, dass ein Lehrer dies im Laufe des Unterrichtsjahres selbst zu definieren hat. Es ist jedenfalls nicht zulässig und widerspräche dem Grundsatz der Transparenz, erst nach einer Prüfung zu sagen, was wesentlich und was unwesentlich gewesen wäre. Gegen ein „Nicht genügend" bei einer Schularbeit oder bei einer Prüfung können Eltern keine Berufung einlegen, auch wenn diese Note als ungerecht empfunden wird. Ein Schüler, der sich über eine verpatzte Schularbeit ärgert, hat jedenfalls das Recht, sich einmal im Semester in jedem Gegenstand zu einer mündlichen Prüfung zu melden.

Meinem Kind droht ein „Nicht genügend". Was soll ich tun?

Für Eltern ist es wichtig zu analysieren, worauf ein so umfangreiches Versagen des Kindes zurückzuführen ist. Hat nur das eigene Kind versagt oder der größte Teil der Klasse? Hat das Kind sich mit dem nötigen Fleiß vorbereitet oder nicht? Haben vorübergehende physische oder psychische Probleme zu einem eher einmaligen Versagen geführt? Zu einer objektiven Klärung der Ursachen führt in erster Linie ein Gespräch mit dem zuständigen Lehrer, auch ein Kontakt mit anderen Eltern der Klasse kann hilfreich sein. Führt dies nicht zu einer befriedigenden Antwort, kann die kostenlose Hilfe des schulpsychologischen Dienstes in Anspruch genommen werden. Durch entsprechende Tests kann der Schulpsychologe herausfinden, ob das Kind in einer seiner Begabung entsprechenden Schule ist, oder ob ein Schulwechsel auf Grund der Begabungsrichtung für das Kind nicht besser wäre.

Eltern mögen bedenken, dass sich hinter einem sogenannten „faulen Kind" nur allzu oft ein Schüler verbirgt, der den Anforderungen nicht genügen kann oder dies jedenfalls von sich selbst glaubt. Es ist oft weniger diskriminierend, faul als dumm zu sein. Eine rasche Klärung und eine vernünftige Reaktion der Eltern werden dem Schüler helfen, ein gesundes Selbstwertgefühl aufzubauen. Schulische Erfolge werden sich so viel leichter einstellen.

Kein Kind mit einem „Nicht genügend" fühlt sich besonders wohl. Auch ein Schüler, der seine Pflichten versäumt hat, benötigt Hilfe und Informationen, wie die Lücken geschlossen werden können, Hilfe bei der Zeitplanung und bei der Beschaffung von Lernunterlagen, mit denen das Kind selbstständig arbeiten kann. Lob und Anerkennung für die ersten kleinen Erfolge helfen dem Kind mehr als Vorhaltungen. Ein Nachhilfelehrer sollte nicht gleich bestellt werden, kurzfristige Erfolge könnten längerfristig dazu führen, dass sich ein Kind an Hilfe gewöhnt und womöglich zu dem Ergebnis kommt, dass es alleine zu guten Leistungen nicht fähig ist.

Sollten alle Schüler einer Klasse mehr oder weniger nur genügende oder nicht genügende Leistungen erbringen, und sollte dies wiederholt geschehen, ist der zuständige

Elternvertreter aufgerufen, mit dem Lehrer und – wenn dies nichts fruchtet – auch mit der Schulaufsicht Kontakt aufzunehmen. Einerseits kann auf Dauer nicht hingenommen werden, dass den Schülern nur lückenhafte Kenntnisse vermittelt werden können, andererseits sind negative Auswirkungen auf die Motivation zu befürchten. Die Schüler könnten „lernen", dass alle Anstrengungen doch nur zu einer schlechten Beurteilung führen, und in ihrem Fleiß nachlassen.

Was soll mein Kind tun?
Meldet sich ein Schüler bei einem drohenden „Nicht genügend" zu einer mündlichen Prüfung, wird ihm der Lehrer die Gelegenheit einräumen, Leistungen in den „wesentlichen Bereichen" nachzuweisen, wo dies dem Schüler bislang nicht möglich war. Eine umgekehrte Vorgangsweise wäre schikanös und anfechtbar. Wenn es dem Schüler gelingt, zu den bisher erbrachten Leistungen, die für ein „Genügend" noch nicht ausreichten, zusätzliche Leistungen nachzuweisen, wodurch die Anforderungen in den „wesentlichen Bereichen" nunmehr überwiegend erfüllt werden, so ist ein „Genügend" zu erteilen.
Bei allzu großen Lücken, die im Laufe eines ganzen Jahres entstanden sind, wird es aber eher aussichtslos sein, im Rahmen einer einzigen mündlichen Prüfung, deren Dauer auf 10 bzw. 15 Minuten begrenzt ist, nachzuweisen, dass alle Lernrückstände aufgeholt wurden. Schüler neigen dazu, allzu große Hoffnungen auf diese letzte Prüfung zu setzen. Nur bei einem geringen Rückstand besteht die Möglichkeit einer Notenkorrektur.

„Nicht genügend". Kann mein Kind trotzdem aufsteigen?
Grundsätzlich sind Schüler mit einem „Nicht genügend" nicht zu einem Aufsteigen in die nächste Klasse berechtigt. Ganz im Sinne seiner pädagogischen Ausrichtung sieht das Schulunterrichtsgesetz jedoch eine wichtige Ausnahme vor.
Hat der Schüler nicht bereits im vorigen Jahr im gleichen Gegenstand ein „Nicht genügend", und ist dieses Fach weiter im Lehrplan vorgesehen, kann die Klassenkonferenz, in der alle Lehrer vertreten sind, die in der Klasse unterrichten, beschließen, den Schüler aufsteigen zu lassen. Voraussetzung für eine positive Entscheidung ist, dass die Leistungen in allen anderen Fächern so gut sind, dass der Schüler aller Voraussicht nach im kommenden Jahr erfolgreich am Unterricht teilnehmen kann.
Der Gesetzgeber geht hier davon aus, dass die Leistungsreserven eines Schülers begrenzt sind. Die Lehrer einer Klasse müssen gemeinsam eine Prognose darüber abgeben, ob ein Schüler die Lücken in einem mit „Nicht genügend" beurteilten Gegenstand bei fortschreitendem Unterricht im folgenden Schuljahr angesichts der Situation in den anderen Fächern wird aufholen können:
Wieviele mit „Genügend" beurteilte Gegenstände enthält das Jahreszeugnis?
Hat ein solches „Genügend" eher eine Tendenz zum „Nicht genügend" oder zum „Befriedigend"?
Reichen die Kenntnisse in einem mit „Genügend" beurteilten Fach aus, oder müssen auch hier erst Lücken geschlossen werden, um dem Unterricht im kommenden Schuljahr folgen zu können. (Ein schwaches „Genügend" steht einem Aufsteigen in die nächste Klasse dann nicht entgegen, wenn zum Beispiel in Geographie Kenntnisse in Gesteinskunde fehlen, im nächsten Jahr aber die Wirtschaftsräume auf dem Programm stehen.)
Hat ein ansonsten zufriedenstellend arbeitender Jugendlicher aus besonderen Gründen (zum Beispiel Scheidung der Eltern, schwere Erkrankung) nur vorübergehend nachgelassen und steht zu erwarten, dass er leistungsstark genug ist, die Defizite aufzuholen?
Die Lehrer werden auf Grund ihrer Erfahrung und ihres Sachverstandes zu einer vertretbaren, sinnvollen Lösung kommen.

Die Berufung
Eltern können gegen die fehlende Berechtigung zum Aufsteigen in die nächste Klasse berufen und dabei das „Nicht genügend" und die Entscheidung der Klassenkonferenz anfechten. Aussichten für eine erfolgreiche Berufung sind dann gegeben, wenn Eltern bei

einem „Nicht genügend" darlegen können, dass sachfremde Gründe, etwa disziplinäre Schwierigkeiten, bei der Beurteilung eine Rolle gespielt haben, die geforderten Kenntnisse aber sehr wohl vorhanden sind. Es ist sicher nicht einzusehen, dass in einem solchen Fall ein Kind nur wegen seines unangenehmen Verhaltens ein ganzes Jahr wiederholen soll. Manchmal können auch reine Formfehler eines Lehrers dazu führen, dass ein „Nicht genügend" aufgehoben wird. Lehrer sind keine Juristen und sollten es wohl auch nicht sein. Ein so erfochtener Erfolg ist in der Regel kein Erfolg für das Kind. Die Lernrückstände des Kindes werden so nicht geschlossen, und ein vertrauensvolles Klima der Zusammenarbeit zwischen Eltern, Lehrern und dem Schüler könnte nachhaltig gestört werden.

Gegen den Beschluss der Klassenkonferenz könnte erfolgreich eingewandt werden:

– dass außergewöhnliche Belastungen des Kindes nicht berücksichtigt wurden, besonders, wenn gegen Ende des Schuljahres wieder eine steigende Tendenz erkennbar war;

– dass die fehlenden Kenntnisse in einem mit „Genügend" beurteilten Fach im folgenden Jahr keine Rolle mehr spielen oder nicht grundlegend für das Verständnis des Lehrstoffes im kommenden Schuljahr sein werden. Nicht erfolgreich sind meistens Berufungen, die sich auf einen Notenvergleich mit anderen Schülern beziehen.

Berufungen sind formlos. Ein einfacher Brief an die Schule genügt, in dem zum Ausdruck gebracht wird, dass man gegen die Nichtberechtigung zum Aufsteigen in die nächste Klasse beruft und das „Nicht genügend" und (oder) den Beschluss der Klassenkonferenz nicht für gerechtfertigt hält. Die Chancen steigen mit einer möglichst sachlichen Begründung. Die Schule leitet die Berufung an den Landesschulrat weiter. Dieser kann entweder auf Grund der vorgelegten Unterlagen entscheiden oder, wenn diese nicht ausreichen, kurzfristig eine kommissionelle Prüfung unter dem Vorsitz eines Schulaufsichtsbeamten durchführen. Der gesamte Jahresstoff kann Gegenstand einer solchen Prüfung sein. An dieser Stelle sei noch einmal darauf hingewiesen, dass das wichtigste Kriterium für eine Berufung die abgesicherte Überzeugung der Eltern sein sollte, dass das Kind über die erforderlichen Kenntnisse verfügt.

Gegen die Entscheidung des Landesschulrates ist eine Berufung beim Bundesministerium für Unterricht und kulturelle Angelegenheiten möglich. Es kann sinnvoll sein, wenn eine auch räumlich weiter entfernte Behörde die Angelegenheit noch einmal prüft. Immerhin werden im Schnitt ca. 25% der dort eingelangten Berufungen positiv entschieden.

Ingrid Buschmann
Pressesprecherin des Bundesverbandes der Elternvereinigungen
an Höheren und Mittleren Schulen Österreichs

Die Durchstartübungen

DIE LEHRE Die Übungen beruhen auf der Kinesiologie, der Lehre von der Bewegung. Sie unterstützt alle deine Tätigkeiten – auch dein Lernen. Durch die Anwendung bestimmter Bewegungsmuster kannst du deine Möglichkeiten voll ausschöpfen.

DER AUTOR **Kim da Silva** lebt in Berlin und arbeitet als Kinesiologe. Er studierte Chemie, Physik, Botanik, Mikrobiologie und Lebensmittelchemie. Nach fünf Jahren als Assistent an der Freien Universität Berlin und sechsjähriger Forschungsarbeit in der chemischen Industrie arbeitete er viele Jahre in einem pharmazeutischen Weltkonzern.

In seiner Jugend reiste er viel und erwarb sich sein Wissen um die verschiedenen Philosophien und Heiltraditionen.

In den 70er Jahren lernte Kim da Silva die Kinesiologie kennen. Er war einer der ersten, die bei Dr. Paul Dennison eine Ausbildung in Edu-Kinestetik erhielten. Heute zählt er zu den wenigen europäischen Ausbildern für Edu-K-Teacher.

Von Kim da Silva sind bereits einige Bücher erschienen.

DIE AUTORIN **Do-Ri Rydl**, geboren 1958, vom Beruf Drogistin, lernt und lehrt seit 1985 mit Kim da Silva. Seit 1988 leitet sie ein Kinesiologie-Zentrum in Baden und die Edu-K-Teacher-Ausbildung für Österreich.

Kim da Silva & Do-Ri Rydl freuen sich, wenn du ihnen von deinen Übungserfahrungen schreibst. Sie werden dir gerne antworten und auf Wunsch auch mehr Informationsmaterial über ihre Arbeit zusenden.

Schreibe an:

Kinesiologie-Zentrum
Do-Ri Rydl
Wiener Straße 80
A-2500 Baden

Kim da Silva
Türkenstraße 15
D-13 349 Berlin 65

VOCABULAIRE – **VOKABELVERZEICHNIS**
(Kein Wörterbuchersatz, sondern nur Übersetzungshilfe!)

à côté de	neben	bien	gut
à gauche (de)	links (von)	bien sûr	natürlich
à la maison	daheim, nach Hause	bière f.	Bier
à pied	zu Fuß	billet m.	Karte
accompagner	begleiten	blague f.	Witz
achat m.	Einkauf	blesser, se ...	sich verletzen
acheter	kaufen	boeuf m.	Rindfleisch
adorer	bewundern, mögen	boire	trinken
adulte	erwachsen	boîte f.	Disco (umgspr.)
âge m.	Alter	bonsoir	guten Abend
aile f.	Flügel	boulangerie f.	Bäckerei
aimer	lieben	Brésil m.	Brasilien
aimer bien	gern haben	breton, -ne	bretonisch
alcool m.	Alkohol	brisé, -e	gebrochen
Allemagne f.	Deutschland	bruit m.	Lärm
allemand, -e	deutsch	cacher, se ...	sich verstecken
aller	gehen	cadeau m.	Geschenk
aller voir	besuchen	cahier m.	Heft
ami, (-e)	Freund/ Freundin	calme	ruhig
amoureux, -se	verliebt	car	denn
amuser, s'...	sich amüsieren	ce soir	heute Abend
an m.	Jahr	centre-ville m.	Stadtzentrum
anglais, -e	englisch	cerise f.	Kirsche
Angleterre f.	England	chaise f.	Sessel
anniversaire m.	Geburtstag	chambre f.	Zimmer
août m.	August	chapeau m.	Hut
appeler	rufen	chaque	jede(r)
appeler, s'...	heißen	chat m.	Katze
apprécier	schätzen, lieben	chaud, -e	warm
apprendre	lernen	chaussette f.	Socke
après	(da)nach	chaussures f. pl.	Schuhe
après-midi m.	Nachmittag	chemin, le	Weg
armoire f.	Kasten	chemise f.	Hemd
arrêter	aufhören; festnehmen	chemisier m.	Damenhemdbluse
s'arrêter	stehenbleiben	chercher	suchen
arriver	ankommen	chez	zu, bei (bei Pers.)
ascenseur m.	Lift	chinois, -e	chinesisch
assez (de)	ziemlich; genügend	choisir	auswählen
assiette f.	Teller	cinéma m.	Kino
atmosphère f.	Atmosphäre	client m.	Kunde
attendre	warten	coeur m.	Herz
attente f.	Aufenthalt	coiffer, se ...	sich frisieren
aujourd'hui	heute	combien (de)	wie viel(e)
auteur m.	Autor	comme	als; da, weil
automne m.	Herbst	commencer	beginnen
autour de	um ... herum	comment	wie
autre f., m.	die/der andere	complet, -ète	voll
Autriche f.	Österreich	comprendre	verstehen
autrichien, -ne	österreichisch	conduire	lenken
avec	mit	connaître	kennen
avion m.	Flugzeug	conseil m.	Rat, Tipp
avis m.	Meinung	content, -e	zufrieden
avoir	haben	copain m.	Freund
avoir envie	Lust haben	coucher, se ...	sich niederlegen
avoir mal	Schmerzen haben	courir	laufen
bateau m.	Boot	cours m.	Kurs
beau, bel, belle	schön	couvrir	bedecken
beaucoup	viel	crêpe f.	Eierkuchen, Palatschinke

croire	glauben	*expliquer*	erklären
cuisine f.	Küche	*exposer*	ausstellen
curieux, -se	neugierig	*exposition f.*	Ausstellung
d'abord	zuerst	*fâché, -e*	verärgert
d'où	von wo	*façon f.*	Art
dans	in	*faim m.*	Hunger
danseuse f.	Tänzerin	*faire*	machen
découvrir	entdecken	*faire de la natation*	schwimmen
défilé (m.) de mode	Modeschau	*faire de la voile*	segeln
déjà	schon	*faire du vélo*	Fahrrad fahren
déjeuner m.	Mittagessen	*faire la connaissance*	
demain	morgen	*de q.*	jem. kennenlernen
demander	fragen	*faire les courses*	Einkäufe machen
demi-heure f.	eine halbe Stunde	*femme f.*	Frau
dépêcher, se ...	sich beeilen	*fenêtre f.*	Fenster
dépenser	ausgeben (Geld)	*fête f.*	Fest
depuis	seit	*fêter*	feiern
derrière	hinter	*fille f.*	Mädchen
descendre	hinuntergehen	*film policier m.*	Krimi
deuxième	der, die zweite	*fils m.*	Sohn
devant	vor	*fin f.*	Ende
devenir	werden	*finir*	beenden
devoir	müssen	*fleuriste m.*	Blumenhändler
devoir m.	Aufgabe, Schularbeit	*fois f; une fois*	einmal
dimanche m.	Sonntag	*frère m.*	Bruder
dire	sagen	*froid, -e*	kalt
donner	geben	*fromage m.*	Käse
dormir	schlafen	*fumer*	rauchen
douane f.	Zoll	*gagner*	gewinnen, verdienen
doucher, se ...	sich duschen	*garçon m.*	Junge; Kellner
école f.	Schule	*garder*	(be)hüten
écouter	(zu)hören	*gare f.*	Bahnhof
écrire	schreiben	*gâteau m.*	Kuchen
effort m.	Anstrengung	*gentil, -le*	nett
élève m., f.	Schüler(in)	*glace f.*	Spiegel
emmener	mitnehmen	*grand, -e*	groß
emporter	mitnehmen (Dinge)	*grand-mère f.*	Großmutter
en dehors de	außerhalb von	*grec, grecque*	griechisch
en face de	gegenüber	*grippe f.*	Grippe
en retard	verspätet	*habiller, s'...*	anziehen
enchanté, -e	entzückt	*habiter*	wohnen
encore	noch	*heure f.*	Stunde
endroit m.	Ort, Platz	*être à l'heure*	pünktlich sein
enfant m. + f.	Kind	*heureusement*	glücklicherweise
ennuyer, (s')	(sich) langweilen	*hier*	gestern
enseigner	unterrichten, lehren	*histoire f.*	Geschichte
ensemble	gemeinsam	*homme m.*	Mann
entendre	hören	*humeur f.*	Laune
entendre, s'...	sich verstehen	*ici*	hier
entrer	be-, eintreten	*il y a 2 jours*	vor 2 Tagen
envoyer	schicken	*indiquer*	angeben, (an)zeigen
épouvantail m.	Vogelscheuche	*interroger*	befragen
escalier m.	Stiege	*invitation f.*	Einladung
escargot m.	Schnecke	*inviter*	einladen
espagnol, -e	spanisch	*jambon m.*	Schinken
espérer	hoffen	*jardin m.*	Garten
essayer	versuchen	*je suis désolé, -e*	es tut mir Leid
étal m.	(Markt-)Stand	*jeter*	werfen
Etats-Unis m. pl.	USA	*jeu(x) m.*	Spiel(e)
été m.	Sommer	*jeune*	jung
être	sein	*jouer*	spielen
étude f.	Studium; Studie	*jouet m.*	Spielzeug
étudiant(e)	Student(in)	*jour m.*	Tag

journal m.	Zeitung	*nouveau, nouvel*	neu
juillet m.	Juli	*nouvelle*	
jupe f.	Rock	*nouvelle f.*	Neuigkeit
jusqu'à	bis	*occuper, s'...*	sich kümmern
kilomètre m.	Kilometer	*offrir*	anbieten
là	hier, da	*opéra m.*	Oper
laisse f.	Leine	*où*	wo, wohin
lait m.	Milch	*oublier*	vergessen
langue f.	Zunge; Sprache	*ouvrir*	öffnen
lapin m.	Hase	*paix f.*	Friede
laver, se ...	(sich) waschen	*pantalon m.*	Hose
leçon f.	(Unterrichts)stunde, Lektion	*par coeur*	auswendig
		par fax	per Fax
légume m.	Gemüse	*parce que*	weil
lettre f.	Brief	*parents m. pl.*	Eltern
lever, se ...	aufstehen	*parking m.*	Parkplatz
lire	lesen	*parler*	sprechen
lit m.	Bett	*partie f.*	Partie
loin de	weit entfernt von	*partir*	abreisen
longtemps	lange	*partout*	überall
lourd, -e	schwer	*passeport m.*	Reisepass
lundi m.	Montag	*passer*	übergeben, reichen; verbringen
lunettes f. pl.	Brille		
maintenant	jetzt	*patient, -e*	geduldig
mais	aber	*pays m.*	Land
malade	krank	*peinture f.*	Malerei
malheureux, -se	unglücklich	*pendant (que)*	während
manger	essen	*Père Noël m.*	Weihnachtsmann
manquer	versäumen	*permettre*	erlauben
manteau m.	Mantel	*petit déjeuner m.*	Frühstück
maquiller, se ...	sich schminken	*petit, -e*	klein
marché m.	Markt	*peu*	wenig
marché aux puces	(Floh-)Markt	*peut-être*	vielleicht
marcher	marschieren	*pharmacie f.*	Apotheke
mari m.	Ehemann	*phrase f.*	Satz
marier, se ...	heiraten	*pièce f.*	Stück (Theaterstück)
marin m.	Matrose	*piscine f.*	Schwimmbad
matin m.	Morgen	*pitié f.*	Erbarmen
mauvais, -e	schlecht	*plage f.*	Strand
même m., f.	der/die/das selbe	*plaire*	gefallen
même	sogar	*plaisir m.*	Vergnügen
mener	führen	*pleuvoir*	regnen
mer f.	Meer	*poche f.*	Tasche
mère f.	Mutter	*poire f.*	Birne
mettre	setzen, legen, stellen	*pois m.*	Erbse
mois m.	Monat	*poisson m.*	Fisch
montre f.	Uhr	*pomme f.*	Apfel
moquer, se ...	sich lustig machen	*porto m.*	Portwein
morceau m.	Stück	*possible*	möglich
motocyclette f.	Motorrad	*poste f.*	Post
moule f.	Muschel	*pot m.*	Topf
moutarde f.	Senf	*poulet m.*	Hühnchen
musée m.	Museum	*pour*	für
nager	schwimmen	*pourquoi*	warum
ne ... jamais	nie	*pouvoir*	können
ne ... pas	nicht	*pratiquer*	ausüben
ne ... personne	niemand	*prendre*	nehmen
ne ... plus	nicht mehr	*préparer*	vor-, zubereiten
ne ... que	nur	*près de*	nahe bei
ne ... rien	nichts	*présent m.*	Gegenwart
noir, -e	schwarz	*printemps m.*	Frühling
noix f.	Nuss	*prochain, -e*	nächste(r, s)
nom m.	Name	*profession f.*	Beruf

projet m.	Projekt	*sourire*	lächeln
promener, se ...	spazieren gehen	*souvent*	oft
promettre	versprechen	*Suisse f.*	Schweiz
proposer	vorschlagen	*sûrement*	sicherlich
puis	dann	*surnom m.*	Spitzname
quand	wann	*tableau(x) m.*	Bild(er)
quel(s), -le(s)	welche(r, s)	*taille f.*	Figur; Größe
quelque chose	etwas	*tard*	spät
question f.	Frage	*tas m.*	Menge, „Haufen"
qui	wer	*télé, la*	Fernsehen
quitter	verlassen	*temps m.*	Zeit; Wetter
raconter	erzählen	*tenir*	halten
rapporter	mitbringen	*terminer (se ...)*	beenden (enden)
raquette f.	Tischtennisschläger	*tête f.*	Kopf
raser, se ...	sich rasieren	*timbre m.*	(Brief-)Marke
réagir	reagieren	*tomber*	fallen
recette f.	Rezept	*tôt*	bald
recevoir	erhalten	*toujours*	immer
recommander	empfehlen	*tourner*	drehen, wenden
récréation f.	Pause	*tout à coup*	plötzlich
réfléchir	nachdenken	*tout de suite*	sofort
regarder	anschauen	*tout droit*	geradeaus
regretter	bedauern	*train m.*	Zug
remercier q.	jem. danken	*tranche f.*	Schnitte, Scheibe
remettre, se ...	sich erholen	*travail m.*	Arbeit
remplir	anfüllen	*travailler*	arbeiten
rencontrer	treffen	*traverser*	überqueren
rendre	zurückgeben	*triste*	traurig
rentrer	heimgehen	*trop (de)*	zuviel
renversant, -e	umwerfend	*trouver*	finden
repas m.	Mahlzeit	*vacances, f. pl.*	Ferien
répondre	antworten	*valse f.*	Walzer
reposer, se ...	sich erholen	*vélo m.*	Fahrrad
rester	bleiben	*vendeuse f.*	Verkäuferin
rêve m.	Traum	*vendre*	verkaufen
reveiller, se ...	aufwachen	*venir*	kommen
revenir	zurückkommen	*ver m.*	Wurm
revoir	wiedersehen	*verité f.*	Wahrheit
rire	lachen	*verre m.*	Glas
robe f.	Kleid	*vers*	gegen
route f.	Route, Weg	*vêtement m.*	Kleidungsstück
rue f.	Straße	*viande f.*	Fleisch
sac m.	Tasche	*vide*	leer
sale	schmutzig	*ville f.*	Stadt
samedi m.	Samstag	*vin m.*	Wein
sans	ohne	*visiter*	besichtigen
sans doute	zweifellos	*vite*	schnell
sauter	springen	*voilà*	da ist, das ist
savoir	wissen	*voir*	sehen
séjour m.	Aufenthalt	*voisin(e) m. (f.)*	Nachbar(in)
sel m.	Salz	*voiture f.*	Auto
sentir	fühlen; riechen	*vouloir*	wollen
serrer	drücken	*voyage m.*	Reise
servir	(be)dienen	*vraiment*	wirklich
seul, -e	allein	*week-end m.*	Wochenende
seulement	nur	*yeux m. pl.*	Augen
si	ob, wenn		
simple	einfach		
soeur f.	Schwester		
soif m.	Durst		
soir m.	Abend		
sonner	läuten		
sortir	ausgehen		

VERITAS

Eder, Bernhard / Kodym, Willibald / Lechner, Franz

Durchst@rten zum Computerführerschein mit CD-ROM

je ca. 120 Seiten, 17 x 24 cm, brosch., sw-Grafiken

Modul 1: Computer-ABC
ISBN 3-7058-5664-2

Modul 2: Windows
ISBN 3-7058-5530-1

Modul 3: Word
ISBN 3-7058-5638-3

Modul 4: Excel
ISBN 3-7058-5665-0

Modul 5: Access
ISBN 3-7058-5666-9

Modul 6: Powerpoint
ISBN 3-7058-5667-7

Modul 7: Internet
ISBN 3-7058-5534-4

Systemanforderungen:
6fach CD-ROM-Laufwerk; Windows 95/98/NT 4.0/2000; 32 MB RAM; Grafik: 800 x 600 mit 256 Farben

Zu den Büchern:

Die sieben Bände vermitteln Ihnen auf einfache und unterhaltsame Weise den richtigen Umgang mit dem Computer. **Alles Nötige, aber nichts Überflüssiges** ist das inhaltliche Prinzip dieser Reihe. Die Bücher folgen einem modernen **didaktischen Konzept** – *learning by doing and instruction*. Inhalte werden zu kleinen Kapiteln zusammengefasst, an deren Ende Übungen zur praktischen Anwendung des Gelernten stehen. Jedes Kapitel beginnt mit einer kurzen Geschichte aus dem Leben der Familie Seiber, die sich denselben Anwender-Problemen gegenübersieht wie alle PC-AnwenderInnen.

Karikaturen von Nicolas Mahler illustrieren die „Familientragödie".

Jedes Buch enthält eine **CD-ROM**, mit deren Hilfe Sie die Inhalte auf interaktive Weise üben und vertiefen können.
Die didaktische Aufarbeitung und multimediale Unterstützung machen die Durchst@rten-Reihe zu einer **idealen Lernunterlage für EDV-Schulungen ebenso wie für das Selbststudium.**

Diese praktischen Bücher können Sie gleich jetzt bestellen:

Rufen Sie einfach an, schicken Sie ein Fax oder ein E-Mail!
Tel. 0043/(0)732/77 64 51/280, Fax: 0043/(0)732/77 64 51/239
E-Mail: veritas@veritas.at
Homepage: http://www.veritas.at

Durchstarten in Englisch
Hörverständnis-Training mit Audio-CD

für die 5. Schulstufe
ISBN 3-7058-5332-5

für die 6. Schulstufe
ISBN 3-7058-5398-8

für die 7. Schulstufe
ISBN 3-7058-5360-0

für die 8. Schulstufe
ISBN 3-7058-5525-5

Durchstarten in Englisch Grammar

für die 5.–8. Schulstufe
ISBN 3-7058-5308-2

Durchstarten in Englisch

5. Schulstufe
ISBN 3-7058-5151-9

6. Schulstufe
ISBN 3-7058-5152-7

7. Schulstufe
ISBN 3-7058-5153-5

8. Schulstufe
ISBN 3-7058-5162-4

Durchstarten in Italienisch

für das 1. Lernjahr
ISBN 3-7058-5421-6

für das 2. Lernjahr
ISBN 3-7058-5578-6

Durchstarten in Französisch

für das 1. Lernjahr
ISBN 3-7058-5167-5

für das 2. Lernjahr
Teil A: Adjektiv, Adverb und Hervorhebung von Satzteilen
ISBN 3-7058-5168-3

Teil B: Verb, Bindungsgefüge und indirekte Rede
ISBN 3-7058-5169-1

3. Lernjahr
ISBN 3-7058-5148-9

4. Lernjahr
ISBN 3-7058-5296-5

DURCHSTARTEN

Durchstarten in Latein
für das 1. Lernjahr
ISBN 3-7058-5155-1
SET mit 3,5"-Diskette
ISBN 3-7058-5170-5

für das 2. Lernjahr
ISBN 3-7058-5297-3

für das 3. Lernjahr
Übersetzungstraining für Cäsar, Cicero & Co
ISBN 3-7058-5333-3

Nuntii Latini
ISBN 3-7058-5059-8

Durchstarten in Deutsch Rechtschreibung
Rechtschreib-Training für die 5. Schulstufe
ISBN 3-7058-5399-6

Rechtschreib-Training für die 6. Schulstufe
ISBN 3-7058-5524-7

Durchstarten mit der neuen Rechtschreibung
ISBN 3-7058-5057-1

Durchstarten in Deutsch
für die 5. Schulstufe
ISBN 3-7058-5158-6

für die 6. Schulstufe
ISBN 3-7058-5150-0

für die 7. Schulstufe
ISBN 3-7058-5159-4

für die 8. Schulstufe
ISBN 3-7058-5160-8

für die 9. Schulstufe
ISBN 3-7058-5659-6

Durchstarten in Mathematik
für die 5. Schulstufe
ISBN 3-7058-5163-2

für die 6. Schulstufe
ISBN 3-7058-5165-9

für die 7. Schulstufe
ISBN 3-7058-5166-7

für die 8. Schulstufe
ISBN 3-7058-5149-7

Ausgabe für Deutschland
5. Kl.: ISBN 3-7058-5164-0
5. Kl.: ISBN 3-7058-5154-3
5. Kl.: ISBN 3-7058-5029-6
5. Kl.: ISBN 3-7058-5295-7

Diese praktischen Bücher können Sie gleich jetzt anfordern:

Rufen Sie einfach an, schicken Sie ein Fax oder ein E-Mail!
Tel. 0043/(0)732/77 64 51/280, Fax: 0043/(0)732/77 64 51/239
E-Mail: veritas@veritas.at
Besuchen Sie uns auf unserer Website www.veritas.at!

VER⟨I⟩TAS

STICHWORTVERZEICHNIS

à **50**, 52, 89, 93
aimer 58, 136
aller 15, 36
Anrede 31, 40, 69, 119, **123**
Artikel – *article* **47**
– bestimmt 48
– unbestimmt 57, 99
avoir 18, 36, 38, 109, 135
Befehlsform – *impératif* **31**
– bejahend **31**, **91**, 94
– Bildung **31**, 32
– verneinend **32**, **92**, 94, 142
besitzanzeigendes Fürwort – *adjectif possessif* **112**
bezügliches Fürwort – *pronom relatif* **104**
de 49, 59, **61**, 94, **98**, 134
des **57**, 135
du 49, 50, **59**
en **98**
Ergänzungen **49**
être 18, 36, 38, 109, 135
Fürwort – *pronom* **68**
– als Objekt siehe Objektvertreter
– als Subjekt siehe Subjekt
– betont **87**
– besitzanzeigend siehe besitzanzeigendes Fürwort
– bezüglich siehe bezügliches Fürwort
– unbetont **69**
Gegenwart – *présent* **10**
kein – *ne . . . pas de* 62, **134**
Mengenangaben **61**, 134
Mittelwort der Vergangenheit – *participe passé*
– Bildung **35**
– Übereinstimmung – *accord* 30, 39, **77**, **109**
Nennform – *infinitif*
– Endungen **11**
– Konstruktionen 26, **80**, 85, 94, **131**, **143**
nicht mehr – *ne . . . plus* 62, **146**
nichts – *ne . . . rien* **148**
nie – *ne . . . jamais* 62, **147**
niemand – *ne . . . personne* **149**
noch nicht – *ne . . . pas encore* **148**
Objekt
– direktes – *objet direct* **51**, 71, 73, 75, 91, 99, **106**, **110**
– indirektes – *objet indirect* **51**, 71, 73, 75, 91, 109
Objektvertreter **70**
– Formen 73
– Stellung **72**, 80, **91**
– Verneinung **84**, 85, **141**
on 11
Ortsergänzung 50, 93, **94**
Personalform **10**, 72, 94, 107, 130, 139
– Endungen **11**
que **106**, 110
qui **104**
rückbezügliches Zeitwort – *verbe pronominal* 29, 39, 109
Subjekt – *sujet* 69, 104, 107, 149, 150
Teilungsartikel – *article partitif* **59**, **98**
Zeitwort – *verbe* **9**
– *er* 12, 29, 35
– *ir* 13, 35
– *re* 19, 36
– *oir* 25, 36
Vergangenheit – *passé composé* **34**, 77, 138
– mit *être* 38, 109
– Mittelwort – *participe passé* siehe Mittelwort
Verneinung – *négation* 43, 32, **84**, **129**
y 71, **93**, 99
Zukunft – *futur composé* 16